Die Deflation kommt

1. Auflage November 2010
2. Auflage April 2011

Copyright © 2010, 2011 bei
Kopp Verlag, Pfeiferstraße 52, D-72108 Rottenburg

Alle Rechte vorbehalten

Lektorat: Dr. Thomas Rosky
Umschlaggestaltung: Anke Brunn
Druck und Bindung: CPI – Clausen & Bosse, Leck

ISBN 978-3-942016-50-6

Gerne senden wir Ihnen unser Verlagsverzeichnis
Kopp Verlag
Pfeiferstraße 52
72108 Rottenburg
E-Mail: info@kopp-verlag.de
Tel.: (0 74 72) 98 06-0
Fax: (0 74 72) 98 06-11

Unser Buchprogramm finden Sie auch im Internet unter:
www.kopp-verlag.de

GÜNTER HANNICH

DIE DEFLATION KOMMT

WIE DIE INFLATIONSLÜGE IHR VERMÖGEN GEFÄHRDET

KOPP VERLAG

Ich danke Heike Thomsen für ihre Informationen, Anregungen und die Mithilfe beim Entstehen des Buches.

Rechtlicher Hinweis:

Für die private Vermögensverwaltung und Geldanlage ist jeder selbst verantwortlich. Vor einer Investition sollte man sich über die speziellen Anlageprodukte bei einer Bank, bei der Verbraucherzentrale und bei anderen geeigneten Stellen informieren. Vom Autor kann deshalb keinerlei Verantwortung für Schäden, welche durch falsche Schlussfolgerungen aus den Hinweisen im Buch entstanden sind, übernommen werden. Die Informationen sind gründlich recherchiert worden. Trotzdem können Fehler auftreten, eine Verantwortung kann auch hier vom Autor nicht übernommen werden. Weiterhin schließt der Autor alle Haftungsansprüche jeglicher Art aus.

Inhaltsverzeichnis

Oft schien die Wahrheit in der Welt verloren,
von ekler Lüge hingestreckt –
doch immer wieder ward sie neu geboren
und immer wieder ward sie neu entdeckt.

Ob glühend rot die Scheiterhaufen lohten,
ob ganze Völker man zum Kriege trieb,
ob alle Qualen dunkler Kerker drohten –
die Wahrheit lebte und die Wahrheit blieb.

Noch liegt die Welt tief in der Lüge Banden,
genarrt und blind von ihrem falschen Schein,
doch einmal wird auch dieser Tag zu Schanden –
der Wahrheit Sieg wird Tod der Lüge sein.

Erich Limpach

VORWORT

Seit dem Beginn der Finanzkrise 2008/2009 sowie der Eurokrise im Jahr 2010 wird es immer deutlicher: Unser Finanzsystem ist an sich instabil und droht zusammenzubrechen. Zunehmend wird selbst dem bisher ökonomisch eher uninteressierten Bürger klar, dass sich hier eine Katastrophe abzeichnet, die das persönliche Vermögen zu zerstören droht.

Mussten in der Finanz- und Bankenkrise von 2009 nur Banken vom Staat gerettet werden, so waren es in der Eurokrise von 2010 schon ganze Länder, die mit vorher nie da gewesenen »Rettungspaketen« vor dem Ruin bewahrt werden mussten.

Sogar die bisher immer zweckoptimistisch eingestellten Massenmedien greifen nun Themen wie »Währungsreform«, »Eurokollaps« oder »Systemzusammenbruch« auf. So etwas wäre noch vor wenigen Jahren völlig unvorstellbar gewesen.

Leider lenken jedoch sowohl die Politik als auch die Massenmedien und die meisten Experten von der eigentlichen Problematik ab. Es wird behauptet, dass wir automatisch eine »Hyperinflation« oder eine »Währungsreform« bekommen würden. Eine stichhaltige Begründung für solche Behauptungen wird nicht geliefert. Vielmehr wird erklärt, dass durch die Rettungspakete die Staaten nun so überschuldet seien, dass die Politiker eine Inflation erzeugen müssten, um die Staatsschulden abzubauen.

Ob die Politiker das wirklich wollen bzw. ob sie überhaupt in der Lage sind, eine solche Inflation auszulösen, wird nicht weiter hinterfragt. Bei den meisten Menschen werden durch eine solche Propaganda Erinnerungen an die Hyperinflation von 1923 geweckt.

Doch die Realität ist noch viel schlimmer, als uns Medien und Politik glauben machen wollen: Während sich die nur wenige Monate dauernde Hyperinflation von 1923 in die Köpfe der Menschen eingebrannt hat, ist die viel gefährlichere und zehn Jahre dauernde Deflation der 30er-Jahre in Vergessenheit geraten. Viele wissen heute nicht einmal, dass die Weltwirtschaftskrise eine Deflation war und eben keine Inflation.

Während die Gefahren einer Deflation nahezu unbekannt sind, ängstigen sich immer mehr Menschen vor einer im Vergleich dazu harmlosen Inflation: Nach Umfragen der R+V-Versicherung ist der Anteil der Deutschen, die sich vor Inflation ängstigen, seit 1991 bis 2009 von 34 auf 76 Prozent gestiegen – in einer Zeit, in der die tatsächliche Teuerung von anfangs fünf auf dauerhaft tiefe zwei oder weniger Prozent gesunken ist.[1]

Angesichts der medialen Begriffsverwirrung gerät völlig in Vergessenheit, dass jede Wirtschaftskrise automatisch zu einer Deflation führt. Die Menschen bereiten sich nun panisch auf eine angebliche Hyperinflation vor, während sie sich genau durch solch eine scheinbare Absicherung verwundbar für die Deflation machen.

So wurden die Anleger zielgerichtet mit der Inflationspropaganda in eine völlig falsche Richtung gelenkt. In der kommenden Deflation werden sie dann »auf dem falschen Fuß« erwischt und einen großen Teil ihres Vermögens verlieren.

Ein unvorstellbares Desaster droht, wenn erst die deflationäre Abwärtsspirale in Gang gekommen ist. Wer das Phänomen Deflation in seiner Planung vergisst, wird schweren Schaden erleiden.

Umso wichtiger ist es für Sie, dass Sie sich auf die kommende Deflation vorbereiten und verstehen, warum diese kommen wird und wie sie sich entwickelt.

Inflation und Deflation – was bedeutet das?

»Sowohl die USA als auch Europa laufen in die japanische Falle.«

Paul Krugman, Nobelpreisträger [2]

Wenn heute die Rede von Inflation, Deflation, Währungsschnitt und Wirtschaftskrise ist, dann werden hier oft wahllos alle Begriffe durcheinandergeworfen. Viele Menschen verstehen auch nicht wirklich die Unterschiede zwischen diesen speziellen Wirtschaftskatastrophen. Deshalb ist es hilfreich, sich erst einmal anzusehen, was die Kennzeichen dieser Phänomene sind.

Inflation – der verfallende Geldwert

Von einer Inflation spricht man, wenn die Preise im Durchschnitt für viele verschiedene Waren laufend steigen. Ursache ist eine Zunahme der Geldmenge, die größer ist als das Wachstum der Wirtschaft bzw. der Gütermenge, die dem Geld gegenübersteht.

Als Bedingung kommt jedoch dazu, dass eine Inflation nur dann möglich ist, wenn es auch parallel dazu zu steigenden Löhnen kommt. Nur wenn eine Lohn-Preis-Spirale in Gang kommt, kann die Inflation von Dauer sein. Lohn-Preis-Spirale bedeutet, dass die Preise inflationär steigen und deshalb die Gewerkschaften immer höhere Löhne von den Arbeitgebern verlangen. Weil die Löhne steigen, erhöhen die Arbeitgeber wiederum die Preise für ihre hergestellten Waren, um die Lohnkostenzunahme auszugleichen. Das führt abermals zu neuen Lohnerhöhungen durch erneute Forderungen der Gewerkschaften, sodass sich die Preisspirale immer weiter nach oben dreht.

Kennzeichnend für eine Inflation ist jedoch, dass es zu keiner Massenarbeitslosigkeit kommt. Im Gegenteil treibt eine Inflation die Wirtschaft an, weil die Nachfrage nach Gütern aller Art zunimmt. Die reale Wirtschaft boomt dann regelrecht und die Unternehmer haben volle Auftragsbücher – so wie das in Inflationszeiten der 1960er- und 1970er-Jahre der Fall war. Daher kommt auch der Spruch vom ehemaligen Bundeskanzler Helmut Schmidt, der zu seiner Amtszeit sagte: »Lieber fünf Prozent Inflation als fünf Prozent Arbeitslosigkeit«.

Eine Inflation ohne Lohnsteigerungen ist hingegen nicht möglich: Steigen die Preise der Produkte, nicht jedoch die Löhne im gleichen Ausmaß, bewirkt dies, dass die Menschen immer weniger kaufen können und der Gesamtumsatz in der Volkswirtschaft zurückgeht. Das führt dann unmittelbar dazu, dass immer mehr Betriebe in Umsatzschwierigkeiten kommen und im härter werdenden Konkurrenzkampf dazu gezwungen sind, ihre Preise wieder zu senken.

Es lässt sich also festhalten: Ohne permanente, inflationstreibende Lohnerhöhungen kann es keine wirkliche, dauerhafte Inflation geben!

Für diesen ganzen Prozess einer Lohn-Preis-Spirale braucht es Zeit, denn eine Inflation kann nur langsam in Fahrt kommen. Deshalb gibt es keine Hyperinflationen »über Nacht«, wie das heute immer behauptet wird.

Das Grundproblem ist, dass sich zwar die Inflation von 1923 und die Währungsreform von 1948 bei den Menschen im Gedächtnis eingebrannt haben, nicht jedoch die viel schlimmere Deflation von 1930. Während damals in der Hyperinflation 1923 die Sparer Geld verloren, gewannen die Schuldner entsprechend, weil sie die Schulden nur noch inflationär entwertet zurückzahlen mussten. Viele Unternehmer und vor allem auch Landwirte wurden damals entschuldet und gewannen dadurch an Vermögen hinzu.

Man erkennt, dass es in der Inflation Gewinner und Verlierer gibt: Wer Geldvermögen hat, verliert, wenn er es nicht schnell genug in Sachwerte umwechseln kann. Auf der anderen Seite gibt es Gewinner, z. B. Menschen, die Sachwerte besitzen, sowie Schuldner, denen die Schulden regelrecht »weginflationiert« werden. Wenn der Schuldner beispielsweise vorher eine Stunde arbeiten musste, um 20 Euro zu verdienen, dann verdient er nun in der Inflation durch die Lohnerhöhungen 100 Euro und kann entsprechend fünfmal schneller seinen Kredit tilgen – ohne auch nur etwas mehr arbeiten zu müssen.

Die Hyperinflation entschuldet sowohl den Staat als auch Unternehmen und private Haushalte, weil deren Kredite nur noch inflationär entwertet zurückgezahlt werden müssen. Die Hyperinflation kurbelt auch die Wirtschaft an: Die Menschen wollen in der Inflation in Sachwerte flüchten und kaufen deshalb alle Arten von Waren auf – Unternehmen und Fabriken sind voll beschäftigt, um diese Nachfrage zu befriedigen. Aus diesem Grund ist die Panik, die heute vor einer Inflation verbreitet wird, überhaupt nicht gerechtfertigt. Im Gegenteil! Eine Inflation würde nur einen Teil der Menschen treffen, die Schuldner, Unternehmen und den Staat jedoch entschulden. Deshalb wären eine Inflation und auch eine Hyperinflation nie ein großes Problem: Viele Entwicklungsländer wie beispielsweise Brasilien hatten noch vor 30 Jahren Inflationsraten von mehreren Tausend Prozent, ohne dass es dabei zu einer weiteren Verarmung oder einem Wirtschaftsstillstand gekommen wäre.

Schaden hat eigentlich nur, wer sein Geld fest angelegt hat und nun zusehen muss, wie es inflationär entwertet wird. Das jedoch ist auch in Deutschland nur eine Minderheit – die Hälfte der Deutschen hat so gut wie kein Vermögen bzw. ist verschuldet. Die allgemeine Panik vor einer Inflation ist also nicht begründet.

Ganz anders sieht die Entwicklung jedoch in der Deflation aus. Bei der Deflation von 1930 verloren fast alle, und sie wirkte sich auch deutlich massiver auf den Lebensstandard aus. Zudem dauerte die Deflation in den USA zehn Jahre, während die Hyperinflation von 1923 gerade einmal wenige Monate andauerte.

Deflation – der Weg ohne Ausweg

*»Für Deutschland besteht auf absehbare Zeit kein Inflationsrisiko,
sondern in erster Linie ein ausgeprägtes Deflationsrisiko.«*[3]
Peter Bofinger, Mitglied des Sachverständigenrats »Fünf Weise«

Von einer Deflation spricht man, wenn der Geldwert im Vergleich zum Wert der Waren ständig zunimmt. Die Ursache ist meist die Verringerung des umlaufenden Geldvolumens, was dazu führt, dass Geld im Vergleich zu den Waren an Wert gewinnt und die Preise der meisten Waren entsprechend fallen.

Hier findet ein Prozess statt, der geradezu entgegensetzt zur inflationären Lohn-Preis-Spirale wirkt: Durch die schwindende Geldmenge fehlt es zunehmend an Massenkaufkraft, was zur Folge hat, dass der Konsum insgesamt einbricht – ganz einfach, weil kein Geld mehr für Käufe da ist. Da nun der Umsatz bei den Unternehmen einbricht, gehen diese entweder bankrott oder entlassen Arbeitskräfte, um Kosten zu sparen. Beides führt dazu, dass es, im Gegensatz zur Inflation, zu einer Massenarbeitslosigkeit kommt. Je mehr Menschen jedoch arbeitslos sind, umso mehr sinkt auch wieder die Massenkaufkraft und damit der Umsatz bei den Unternehmen, was weitere Firmenbankrotte und Entlassungen nach sich zieht. Es ist eine Spirale, die sich von selbst immer schneller nach unten dreht.

Im Gegensatz zur Inflation – wo es Verlierer und Gewinner gab – gibt es hier fast nur Verlierer:
– Der Unternehmer geht bankrott oder macht immer weniger Umsätze.
– Der Arbeitnehmer verdient immer weniger oder wird gleich ganz arbeitslos.
– Der Sparer muss um seine Ersparnisse fürchten, weil zunehmend Banken bankrottgehen.
– Sachkapitalbesitzer, beispielsweise Immobilienbesitzer, verlieren an Vermögen, weil die Sachkapitalien massiv im Preis nach unten gehen.
– Rentner, Pensionäre und überhaupt alle Empfänger staatlicher Leistungen sind von weitreichenden Kürzungen bei den Bezügen bedroht.

Vor allem aber die Schuldner sind von der Deflation betroffen: So wie in der Inflation der Realwert der Schulden geringer wird – der Schuldner muss immer weniger dafür real arbeiten –, nimmt der Schuldenwert in der Deflation zu. Verdient ein Arbeiter beispielsweise vor der Deflation 20 Euro in der Stunde, dann sind es in der Deflation nur noch zehn Euro. Er muss also doppelt so viel arbeiten, um den Schuldendienst leisten zu können. Die Löhne gehen nämlich in einer Deflation nach unten, weil die Arbeitnehmer vor die Wahl gestellt werden, entweder arbeitslos zu werden oder für geringere Löhne zu arbeiten. Da das viele Schuldner nicht können, wird deren Kreditpfand (bspw.

eine Immobilie) zwangsversteigert. Wenn dies in großem Umfang passiert, gehen die Preise für die Realgüter immer weiter nach unten. Diese fallenden Realgüterpreise führen dann zu weiteren Zwangsversteigerungen, weil weitere Schuldner verkaufen müssen, da die Immobilien nicht mehr den Gegenwert des Kredites abdecken.

Es lässt sich also resümieren: Während es in der Inflation Gewinner und Verlierer gibt, gibt es in der Deflation fast nur Verlierer. Ebenso gilt: Im Unterschied zur Inflation kommt es in der Deflation zur Massenarbeitslosigkeit und einem regelrechten Abwürgen der gesamten Wirtschaftstätigkeit. Die entstehende Massenarbeitslosigkeit und Armut zieht unmittelbar revolutionäre Strömungen nach sich, sowie den Hang zu Radikalität und Gewalt. Da verwundert es nicht, dass beispielsweise die Nationalsozialisten 1923 während der Hyperinflation nicht die Macht erringen konnten, wohl aber in der Deflation von 1933.

Was viele nicht berücksichtigen, ist, dass sich eine Deflation im Gegensatz zur Inflation von selbst in Form einer deflationären Abwärtsspirale immer mehr verschlimmert.

Die deflationäre Abwärtsspirale

»Unter Deflation verstehen Ökonomen eine Abwärtsspirale aus sinkender Produktion, steigender Arbeitslosigkeit und fallenden Preisen: Der stockende Absatz führt zur Überproduktion ... Falls Käufer aber glauben, dass sie einen Fernseher oder eine Tonne Stahl bald noch billiger bekommen, warten sie erst mal ab. Experten sprechen dann von einem Käuferstreik. Im einbrechenden Markt werden Stellen gestrichen. Das drückt den Konsum – und wer noch Arbeit hat, spart beim Shoppen. Schließlich klettert die Zahl der Firmeninsolvenzen – die Banken müssen verstärkt faule Kredite abschreiben. Um das Ausfallrisiko zu reduzieren, vergeben Banken kaum noch Darlehen – die Kreditklemme würgt die Investitionen weiter ab.«
t-online Wirtschaft, 13.04.2009

Unter einer sogenannten deflationären Abwärtsspirale versteht man einen Prozess, unter dem sich die Deflation automatisch weiter verstärkt. Wenn Preise zu fallen beginnen, stellen immer mehr Menschen ihre Käufe zurück in der Erwartung, später noch billiger einkaufen zu können. Warum sollte jetzt jemand ein neues Auto kaufen, wenn dieses in einem Jahr 20 Prozent preiswerter zu haben ist? Wenn jedoch die Käufe der Menschen zurückgehen, sinken auch die Umsätze der Unternehmen. Und diese sind in der Folge dazu gezwungen, die Preise weiter zu senken, um ihren Marktanteil zu halten, und gleichzeitig Arbeitskräfte zu entlassen. Viele Unternehmen halten diesen ruinösen Wettbewerb nicht aus und gehen gleich bankrott. So kommt es sehr schnell zu einer steigenden Arbeitslosigkeit, die einen Einbruch der Massenkaufkraft nach sich zieht. Eine sinkende Massenkaufkraft jedoch führt dazu, dass noch weniger gekauft wird und die Unternehmen noch mehr in die Klemme geraten. Letztlich ein Teufelskreislauf, aus dem es kein Entrinnen gibt.

Aus Sicht des Schuldners sieht die deflationäre Abwärtsspirale noch schlimmer aus. Wer in einer Deflation verschuldet ist, sieht sich einer Situation mit fallenden Einkommen gegenüber und gerät dadurch in eine aussichtslose Lage: Entweder er hat ein Unternehmen und die Gewinne desselben gehen zurück, oder er ist Arbeitnehmer und sein Lohn fällt, bzw. er wird ganz arbeitslos mit nur noch geringen Arbeitslosenbezügen. In jedem Fall steht ein Schuldner mit dem Rücken zur Wand, wenn sein Kredit weiter wie bisher bedient werden muss, er aber immer weniger Einkommen hat, das er für den Schuldendienst verwenden könnte. Sobald jedoch der Kredit nicht mehr bedient wird, kündigt die Bank den Kreditvertrag.

Dazu kommt, dass der Gegenwert seines Schuldenpfandes, welches der Bank als Sicherheit für den Kredit dient, immer kleiner wird. Wenn beispielsweise in einer Deflation die Immobilienpreise immer mehr verfallen, dann kommt irgendwann der Punkt, wo der gesunkene Hauspreis den noch fälligen Kredit nicht mehr abdeckt. Dann wird die Bank zum Schuldner kommen und weitere Sicherheiten fordern. Kann dieser keine weiteren Güter verpfänden, wird der Kreditvertrag gekündigt und die Schuldensumme sofort fällig.

In all diesen Fällen kommt es letztlich dazu, dass in einer Deflation zunehmend alle Arten von Sachgütern zu immer niedrigeren Preisen zwangsverkauft werden. Je mehr solche Güter – wie beispielsweise Immobilien – zwangsversteigert werden, umso mehr sinkt wieder der Preis dieser Güter, was weitere Schuldner in Bedrängnis bringt. So verstärkt sich, zusätzlich zum Druck auf die Unternehmen, wie oben dargestellt, die Deflation über eine immer schneller laufende Abwärtsspirale zunehmend von selbst. Gerade dieser deflationären Abwärtsspirale ist es zu verdanken, dass Deflationen sehr langwierig ablaufen. Die Deflation von 1930 dauerte beispielsweise in den USA ganze zehn Jahre und endete dort erst mit Ausbruch des Zweiten Weltkrieges. Früher dauerten Deflationen auch Jahrhunderte: So begann für die europäische Welt nach dem Untergang des Römischen Reiches um 500 eine jahrhundertelange Krise, welche erst im Mittelalter überwunden werden konnte.

Halten wir fest: Eine deflationäre Abwärtsspirale führt zu einer immer prekäreren Lage bei den Unternehmen, denn zunehmend müssen dann Firmen wegen Überschuldung schließen, weil deren Kredite durch die Deflation real aufgewertet werden. Dazu kommt, dass auch die privaten Schuldner immer häufiger mit dem Rücken zur Wand stehen. Hier wird deutlich, dass zwar die Politik und die Notenbanken sehr leicht eine Inflation stoppen können, nicht jedoch die Deflation, wenn die deflationäre Abwärtsspirale einmal am Laufen ist.

Um zu verstehen, wie es in Zukunft weitergeht, ist es wichtig, unser Finanzsystem von Grund auf zu verstehen. Vor allem die explodierende Schuldenlast ist hier ein Hauptproblem, weshalb wir diese hier ausführlich betrachten und am Ende daraus die logischen Schlüsse ziehen.

Warum alle Sparprogramme in einer Deflation enden

»Der Konsens der Experten ist ja, dass der Umfang der Finanzproble-
me, mit denen die Weltwirtschaft kämpft, so groß ist, dass es sehr
wahrscheinlich zu einer Hyperinflation kommen wird und Staats-
schulden mit wertlosem Papiergeld bezahlt werden. Ich behaupte aber,
dass die Politiker für ein derart extremes Verhalten nur dann legiti-
miert sind, wenn die Welt zuvor mit einer tiefen und verunsichernden
Deflation konfrontiert würde.«

Hedgefondsmanager Hugh Hendry[4]

Schon seit Jahren versprechen uns die Politiker, dass sie Schulden
durch Sparen abbauen wollen. Es wird behauptet, dass sich dann alle
Schuldenprobleme in Luft auflösen würden. Doch wo liegt der Fehler
in dem oberflächlich gesehen so einleuchtenden Argument, durch
Sparen wirklich Schulden tilgen zu können?

Was ist aus all diesen Versprechen geworden?

Schon vor zehn Jahren befragte die Zeitschrift *Stern*[5] zum Thema
Schuldenabbau Experten vom Rheinisch-Westfälischen Wirtschafts-
institut (RWI). Deren Antwort:»Es ist möglich, innerhalb von 20 oder
30 Jahren den gesamten Schuldenberg von 2,4 Billionen Mark (1,2 Billionen Euro; d. Verf.) abzutragen.«

Nach deren Analyse sollte sich die Lage der öffentlichen Haushalte
dramatisch verbessern. Der Wendepunkt zum Schuldenabbau könne
sogar angesichts sprudelnder Steuereinnahmen und hoher Privatisie-
rungserlöse noch früher kommen, so die Experten. Sie vertraten zudem die Ansicht, 2004 und 2005 könnten jeweils Überschüsse von 40
Milliarden Mark erzielt werden und nach 30 Jahren wäre die gesamte
Staatsschuld getilgt. **Allerdings wussten die Experten nicht genau,**
welche Folgen eigentlich der Spareffekt habe, da solch eine Phase
noch nie untersucht werden konnte und so vertrauten alle aufs»Ge-
sundsparen«.

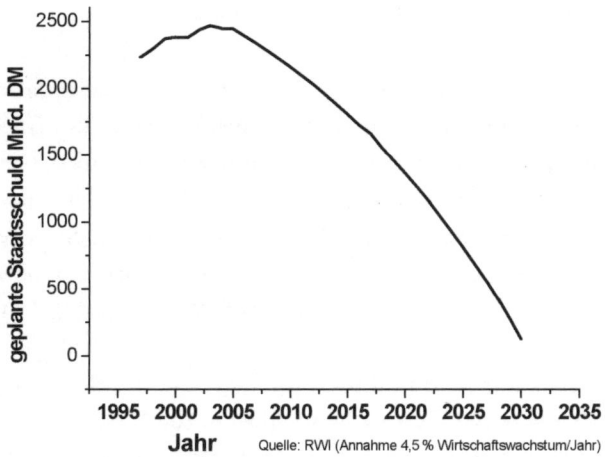

Abb. 1: *Vorstellungen des RWI zum Schuldenabbau*

Im *Stern* heißt es weiter:»Fest steht: Anders als ein guter Hausvater kommt die Volkswirtschaft nie ohne Kredite aus. **Damit die Konjunktur in Schwung gerät, muss sich jemand verschulden.** Wenn der Staat spart, fällt die Nachfrage aus, und das Wachstum geht zurück. Im Gegenzug könnten allerdings die Bürger ihre Ersparnisse verringern, weil sie künftig mit niedrigeren Abgaben rechnen.«

Also wird deutlich, dass Verschuldung in unserem System einen festen Stellenwert hat, dass, wenn der Staat sich nicht mehr verschuldet, sich umso mehr andere Wirtschaftsteilnehmer verpflichten müssen. Im Endeffekt werden die Schulden also nur umverteilt und nicht wirklich getilgt.

Im *Stern* heißt es dazu:»Der lange Boom in den USA ist ohne den Tausch der Schuldnerrollen nicht zu erklären: Während der Staat spart, plündern die Bürger ihre Konten für den Konsum, und die Unternehmen borgen sich Geld zu niedrigen Zinsen, um Fabriken zu bauen.«

Demnach handelte es sich in den USA selbst in den besten Jahren und dem damaligen angeblichen»Schuldenabbau« unter Präsident Clinton nie um eine richtige Schuldentilgung. Stattdessen wurden die Verpflichtungen nur vom Staat auf die Bürger und die Wirtschaft umverteilt, d. h. am Gesamtproblem hat sich nichts geändert.

Dass es heute tatsächlich nur um Schuldenverlagerung, niemals um eine Schuldentilgung geht, zeigt sich abermals im Jahr 2010 in Amerika: Zwar gab der Staat mehr Geld aus, zugleich aber spart die verunsicherte private Wirtschaft massiv. Nach Daten der amerikanischen Notenbank *Fed* machte die öffentliche Hand in den USA im vergangenen Jahr 1551 Milliarden Dollar neue Schulden, stolze 1123 Milliarden Dollar mehr als zwei Jahre zuvor. Die Haushalte und Unternehmen aber, die sich damals noch 2096 Milliarden Dollar geliehen hatten, reduzierten ihre Schuldenaufnahme um 521 Milliarden Dollar. Der Staat springt also praktisch nur dort ein, wo der Privatsektor sich zurückzieht. Weil das Geld ansonsten überhaupt nicht genutzt würde, kann er zusätzliche Nachfrage schaffen, statt bestehende Nachfrage zu verdrängen. Insgesamt nahm die US-Volkswirtschaft sogar weniger neue Kredite auf als während der Boomzeiten.[6] Ein Sparen gibt es deshalb nicht, nur ein Schuldenverlagern innerhalb der einzelnen Sektoren einer Volkswirtschaft.

Deshalb sind die Behauptungen, wir könnten irgendwelche Schulden reduzieren, indem wir »den Gürtel enger schnallen«, reine Zweckpropaganda, was sich an den Versprechen vor zehn Jahren gut zeigen lässt: Mit der gleichen Argumentation wie das RWI wiederholte auch der damalige Bundesfinanzminister Eichel auf dem Forum »Verantwortung für die Zukunft« der Dresdner Bank im März 2001 stereotyp seine Behauptung, die Steuersätze im zweijährigen Rhythmus zu senken und den Bundeshaushalt durch strikte Ausgabenbegrenzung bis zum Jahr 2006 ausgleichen zu wollen. Ab dem Jahr 2009 solle dann der Bundeshaushalt einen Überschuss von einem Prozent des Bruttoinlandsproduktes aufweisen. Den Haken bei dieser schönen Rechnung nannte Eichel auch, als er als Voraussetzung ein Wirtschaftswachstum von vier Prozent nannte. Um dies zu erreichen, fördere die Bundesregierung eine unternehmerfreundliche Steuerpolitik und eine Verbesserung der Qualität der Staatsausgaben.[7] Wie allerdings langfristig ein Wachstum von vier Prozent durchgehalten werden soll, konnte der Finanzminister nicht beantworten.

Eine solche Wachstumsrate würde bedeuten, dass sich die Produktion alle 18 Jahre verdoppeln muss. Niemand kann aber erklären, wer denn die Produkte eigentlich kaufen soll, welche in einem solchen Fall den Markt überschwemmen. Von den entstehenden Umweltproblemen einmal ganz abgesehen. Überhaupt sollen gerade die Löhne und damit die Kaufkraft der Bevölkerung keinesfalls steigen. Es soll also mehr produziert werden, ohne dass klar wäre, wer die Produkte kaufen soll und mit welchem Geld.

Dass es anders gekommen ist, wissen wir spätestens seit der Finanzkrise von 2008/2009: Vorher wurde noch der angebliche »Aufschwung« an die Wand gemalt, und als dann die Immobilienblase in den USA platzte, war das Finanzsystem nur durch milliardenschwere Rettungspakete zu stützen. Die dann folgende, nie da gewesene Rekordverschuldung des Staates lässt alle Schuldenreduzierungswünsche von damals für lange Zeit unrealistisch erscheinen. Daran sieht man, wie falsch die Versprechen der Politiker und die Annahmen der Experten oft sind.

Bei näherer Betrachtung ist klar ersichtlich, dass die Vorbedingungen für ein Wegsparen der Schuld beträchtlich sind. Zum einen wird ein hohes Wirtschaftswachstum gefordert, welches sich realistisch gesehen gar nicht über einen längeren Zeitraum aufrechterhalten lässt. Zum anderen werden die Unternehmen und Arbeitnehmer, welche dann durch die Sparprogramme unter die Räder kommen, ganz vergessen.

Im Extremfall würde das Sparen dahin führen, dass das Land komplett verarmt, was am Beispiel Rumäniens in den 1980er-Jahren deutlich wurde. Rumänien war das einzige Land der Welt, welches es tatsächlich geschafft hatte, durch drakonische Sparmaßnahmen seine Auslandsschuld ganz abzubauen. Durch diese Sparmaßnahmen konnten allerdings weder weitere Investitionen noch ein befriedigender Lebensstandard der Bevölkerung aufrechterhalten werden. Die entstandene Armut führte nach einigen Jahren zu einer blutigen Revolution. Es wird also ganz deutlich, dass Sparmaßnahmen nicht die Lösung des Problems sein können, weil ohne Verschuldung im heutigen System nicht investiert wird. Doch warum wirkt diese scheinbare Problemlösungsstrategie für viele Politiker und auch die breite Bevölkerung so einleuchtend und damit attraktiv?

Es wird schlicht übersehen, dass eine komplette Volkswirtschaft nicht mit einem Einzelhaushalt verglichen werden kann. Weil beispielsweise ein überschuldeter Haushalt oder ein verschuldetes Einzelunternehmen durch Sparmaßnahmen tatsächlich seine Schulden tilgen kann, wird dieser Vorgang fälschlicherweise auf die ganze Volkswirtschaft übertragen. Es wird behauptet, dass die Schulden durch Sparpakete abbaubar wären. Dabei argumentieren die Wirtschaftswissenschaftler auf einer betriebswirtschaftlichen Ebene und sehen nicht die Volkswirtschaft im Ganzen.

Der Fehler in dieser Betrachtung liegt darin, dass die den Schulden gegenüberstehenden Geldvermögen gänzlich unbeachtet bleiben. Damit überhaupt Kredite vergeben werden können, muss erst jemand bereit sein, sein Geld dafür zur Verfügung zu stellen.

Genauso ist es beim Staat: Erst wenn jemand bereit ist, beispielsweise Schuldpapiere des Staates gegen Geld anzunehmen, kann sich dieser überhaupt verschulden.

Es muss also immer zwei Seiten geben: Schuldner und Gläubiger. Während der Gläubiger eine Geldforderung gegen den Schuldner hat (also ein Geldvermögen), hat dieser gegenüber dem Kreditgeber eine Schuld.

Die Beträge der Schulden und Geldvermögen müssen also immer gleich groß sein, und wenn eine Größe zunimmt, muss auch die andere ansteigen. Im Umkehrschluss bedeutet das allerdings, dass Schulden nur dann wirklich reduziert werden können, wenn im selben Atemzug auch Geldvermögen vernichtet werden.

Wenn also der Staat seine Verpflichtungen wirklich reduzieren würde, dann müssten gleichzeitig beispielsweise die Bundesschatzbriefe von Herrn Meier wertlos werden – das allein wäre wirkliche Schuldenreduzierung. Alles andere ist nur ein Verlagern des Problems von einem auf den anderen Sektor.

Um also das Schuldenproblem zu verstehen, muss man sich erst einmal die Entwicklung der Geldvermögen ansehen, um zu erkennen, wie viel Kapital überhaupt verliehen werden kann und wie, wir später noch sehen werden, sogar verliehen werden muss.

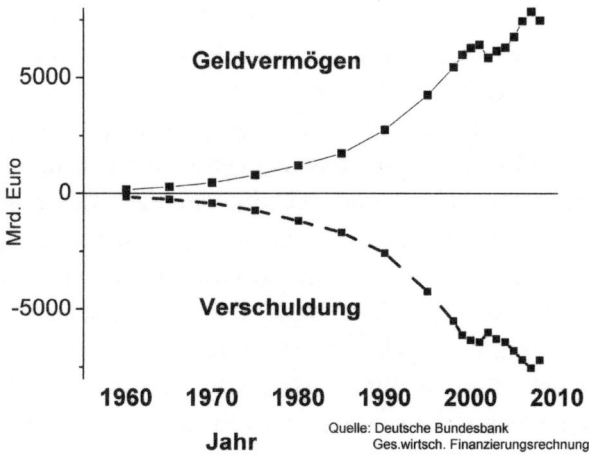

Abb. 2: Gesamte Geldvermögen und gesamte Schulden in Deutschland

Schon beim Betrachten dieser Entwicklung in Abb. 2 drängt sich ein kausaler Zusammenhang zwischen Geldvermögen und Verschuldung auf. Beide Größen wachsen, wie ersichtlich, um annähernd gleiche Beträge jährlich, und das mit exponentiell steigender Geschwindigkeit.

An sich wären Schulden und gleich hohe Geldvermögen kein Problem, würden daraus nicht Zinslasten für den Schuldner und entsprechende Zinsgewinne für den Geldverleiher resultieren. Wenn die Beträge darüber hinaus nicht immer schneller anwachsen, sondern auf einem stabilen Niveau bleiben würden, dann wäre die Entwicklung ebenfalls nicht besorgniserregend. Das Grundproblem liegt also darin, dass die Geldvermögen und Schulden explodieren. Warum tun sie das?

Der Systemfehler: das exponenzielle Zinseszinswachstum

Um nun das Schuldenproblem vollständig zu verstehen, ist es ganz ratsam, sich ähnliche Entwicklungen und deren Folgen in der Natur anzuschauen. Grundsätzlich gibt es hier zwei völlig unterschiedliche Sorten von Entwicklungsverläufen:

einen stabilisierenden »natürlichen Wachstumsverlauf«
und einen zerstörerischen »exponenziellen Wachstumsverlauf«
(Zinseszinseffekt).

Der natürliche Prozess besagt, dass ein Lebewesen anfangs ein hohes
Wachstumstempo aufweist und mit zunehmendem Lebensalter »erwachsen wird«, also bei seiner optimalen Größe aufhört zu wachsen.
Würde ein Lebewesen immer weiterwachsen, dann müsste es bald unter dem eigenen Körpergewicht oder spätestens an mangelndem Nahrungsangebot zugrunde gehen. Leben wäre also bei einem beschleunigten Wachstum nie möglich, weshalb die Natur auf eine optimale
Größe und deshalb Stabilisierung setzt. Allerdings gibt es ein paar Ausnahmen des exponenziellen Wachstums in der Natur, welche jedoch allesamt in der Selbstzerstörung enden:

Eine Bakterie wächst beispielsweise nach einem beschleunigten
Wachstumsprozess: Ein einzelnes Bakterium teilt sich und es werden zwei Lebewesen, welche sich weiter zu vieren entwickeln, dann
zu sechzehn, zweiunddreißig, vierundsechzig usw., so lange, bis
das Nahrungsangebot erschöpft ist und die Bakterien allesamt zugrunde gehen müssen.

Das Tumorwachstum beim Menschen verläuft wie bei einem Zinseszinsprozess. Ist anfangs nur eine Krebszelle vorhanden, so teilt
sich diese und es entstehen zwei Tumorzellen. Diese teilen sich
wieder und es werden vier, dann acht, sechzehn usw., bis schließlich der ganze Körper vom Krebs zerfressen ist und der Mensch
zugrunde geht!

Ähnlich bei einer Lawine: Rollt am Anfang nur ein Eiskristall, so
stößt dieses ein weiteres an, dieses nochmals andere, bis am Ende
der ganze Berg herunterkommt und alles im Weg Stehende zerstört.

Auch die Entwicklung einer Atombombenexplosion folgt einer
Zinseszinskurve: Ein Atom wird durch Neutronenbeschuss gespalten und setzt wieder zwei Neutronen frei, welche nochmals je ein

Atom spalten können. Am Ende kommt es zur Kettenreaktion und zu einer gewaltigen nuklearen Explosion.

Schnell wird deutlich, dass alle Entwicklungen, welche auf einem sich selbst beschleunigenden, exponenziellen Mechanismus aufbauen, nicht dauerhaft funktionieren können. Sieht man sich den grafischen Verlauf solcher Entwicklungen an und vergleicht sie mit unserem Schuldenproblem, dann wird schnell der enge Zusammenhang klar (Abb. 3).

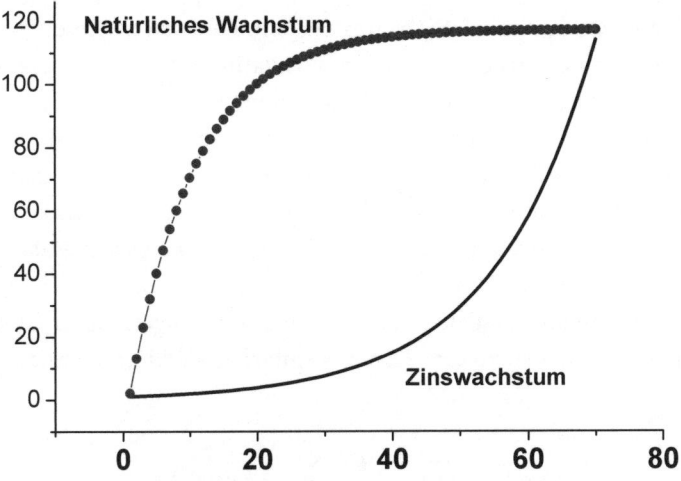

Abb. 3: Exponenzielles und natürliches Wachstum

Der zerstörerische Zinseszins

»Das Beispiel von dem Pfennig, der, seit Christi Geburt zu ganz niedrigem Zinsfuß auf Zins liegend, heute den Wert eines Goldklumpens gewonnen haben müsste, schwerer als alles Gold der Erde zusammengenommen, erläutert die physische Unmöglichkeit des Fortbestehens solcher Einrichtungen.«

Prof. Dr. Ernst Abbé, Gründer der Zeiss-Werke in Jena

Übertragen auf unser Schuldensystem bedeuten die vorangegangenen Ausführungen, dass es letztlich zum Zusammenbruch kommen muss. Doch stellt sich die Frage, wo die Ursache dafür zu suchen ist, dass die Schulden wie die Geldvermögen explodieren? Viele kennen aus der Schule das Beispiel des sogenannten Josefspfennigs. Es handelt sich dabei um ein Rechenbeispiel, welches die Zinseszinsrechnung erklären sollte und die Frage stellte, was wohl aus einem bei fünf Prozent Zins angelegten Pfennig nach meinetwegen 2000 Jahren würde. Dabei errechnet man astronomische Zahlen, welche sich kein Mensch mehr vorstellen kann und die nur einigermaßen fassbar werden, wenn man sie in ein Gewichtsäquivalent Gold umrechnet.

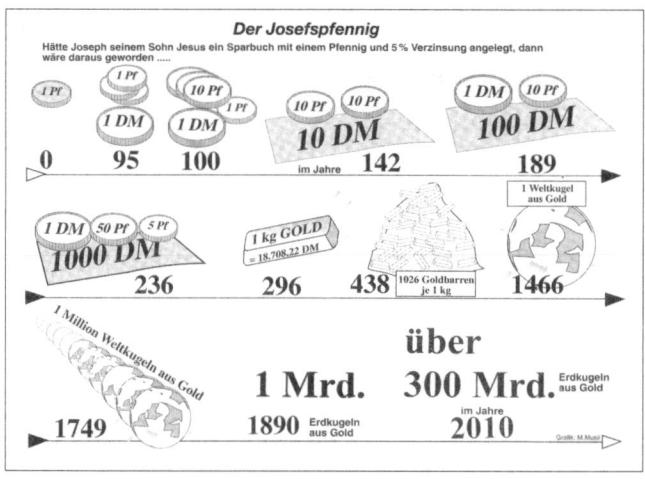

Abb. 4: Der Josefspfennig – Entwicklung einer Geldanlage bei fünf Prozent Zins

Kaum jemand macht sich jedoch darüber Gedanken, was wäre, wenn unser System tatsächlich nach solch einem Mechanismus funktionieren würde. Dann müsste es nämlich zu genau den Vorgängen kommen, welche wir heute beobachten können: Sowohl Geldvermögen als auch Schulden müssten sich immer schneller auseinanderbewegen und die Zinslasten für die Schuldnerseite immer drückender werden. Es drängt sich also schon hier die Vermutung auf, dass sich das Schuldenproblem auf eine rein mathematische Komponente reduzieren lässt.

Dass sich die Entwicklung tatsächlich nach rein mathematischen Gesetzen vollzieht, wird auch deutlich, wenn man sich nochmals den Verlauf der privaten Geldvermögen ansieht.

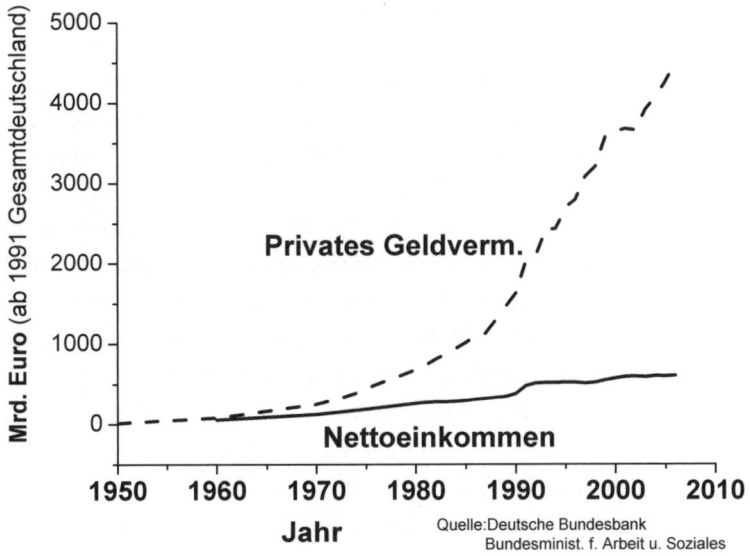

Abb. 5: Private Geldvermögen und Nettolöhne in Deutschland

Der Kurvenverlauf veranschaulicht, dass es sich nach der Zinseszinsrechnung um eine immer schnellere, also exponenzielle Entwicklung handelt. Dabei ist die Dynamik dieser Entwicklung gewaltig: So gab die Bundesbank bekannt, dass sich allein von 1990 bis zum Jahr 2000 die privaten Geldvermögen auf 3,5 Billionen Euro verdoppelt hätten.[8]

Im Jahr 2010 waren es dann schon fast 4,7 Billionen Euro. Damit wachsen die Geldvermögen und die ihnen gegenüberstehenden Schulden seit Langem viel schneller als beispielsweise die Lohneinkommen. Allein daraus entwickelt sich über die real rückläufige Massenkaufkraft ein immer größeres Deflationspotenzial.

Um zu klären, ob unser Kapitalsystem möglicherweise genau nach solch einem Mechanismus funktioniert, ist es hilfreich, ein kleines Gedankenexperiment zu machen.

Monopoly: Unser Geldsystem erzwingt Verschuldung und Deflation

Angenommen, in einer Gemeinschaft aus zehn Personen gäbe es anfangs nur 100 Euro, gestückelt in kleine Münzbeträge, welche als Tauschmittel zwischen den Mitgliedern dienen. Im Laufe der Zeit hätte es dann ein besonders tüchtiger Mensch der Gemeinschaft geschafft, mehr Geld zu erwirtschaften, als er unmittelbar als Tauschmittel zum Leben benötigt. Diese Person würde also damit beginnen zu »sparen«, indem sie Geld zurücklegt. Da jetzt Tauschmittel für die anderen Mitglieder fehlen, sind diese darauf angewiesen, sich bei dem sparenden Zeitgenossen zu verschulden, um die täglichen Geschäfte bewerkstelligen zu können.

Da jedoch der Sparer keinen Grund hat, sein Geld so ohne Weiteres wieder ohne Gegenleistung herauszugeben, wird er dafür eine Belohnung, einen Zins verlangen. In diesem Augenblick werden die beiden Parteien Gläubiger und Schuldner geboren. Der Gläubiger hat jetzt eine Geldforderung, also ein Geldvermögen, gegenüber dem Schuldner. So kommt es zur Ausbildung von auf dem Papier gebuchten Geldvermögen auf der einen und Schulden auf der gegenüberstehenden Seite. Der Schuldner steht nun allerdings durch die Verpflichtung, Zins zahlen zu müssen, zusätzlich unter Druck, da er mehr zurückzahlen muss, als er ausgeliehen hat. Selbst wenn der eine Schuldner es schafft, den Kredit samt Zins durch härtere Arbeit zurückzuzahlen, fehlt hinterher durch den zusätzlich gezahlten Zins noch mehr Geld in der Gemeinschaft als vorher.

Der Kreditbedarf wird also bei der Gemeinschaft noch höher ausfallen, weswegen noch mehr Kredite genommen werden und deshalb noch mehr Zins bezahlt werden muss. Geldvermögen und Schulden werden sich also um die gleichen Größenordnungen immer schneller auseinanderbewegen.

Wie schnell so eine Entwicklung vor sich geht, zeigt folgende Erweiterung unseres Modells: Angenommen, in der Gemeinschaft würden nur 100 Euro umlaufen und ein Einzelner würde es schaffen, zehn Euro einzustecken. Für die weitere Herausgabe des Zehn-Euro-Scheines würde er beispielsweise zehn Prozent Zins verlangen, dann würden ihm durch Zins und Zinseszins bereits nach nur 7,3 Jahren die ganzen umlaufenden 100 Euro gehören.

Ein Ende hat das Spiel dann erreicht, wenn die neuen verschuldeten Mitglieder der Gemeinschaft nicht mehr imstande sind, durch Arbeit die Kapitalkosten zu tragen. Dann wird der Geldgeber dazu übergehen, gar keine Kredite mehr zu vergeben, da einerseits das Verlustrisiko zu groß ist und andererseits keine Zinsen mehr bezahlt werden können. Spätestens dann bricht die Gemeinschaft auseinander.

Es würden also in diesem Gedankenexperiment genau die gleichen Entwicklungen einsetzen, welche wir aus unserer Wirtschaft und überall in der Welt schon kennen. Selbst wenn die verschuldeten Teilnehmer dazu aufgerufen würden, durch Konsumverzicht zu»sparen«, würde sich die Situation nicht verbessern. Im Gegenteil: Weil dann weniger Kredite genommen werden, müsste der Zinssatz, dessen Höhe aus Angebot und Nachfrage nach Kapital resultiert, fallen, bis der Zins so klein wäre, dass der Geldverleiher keine Motivation mehr hätte, sein Kapital überhaupt zu verleihen. Dann würde die Gemeinschaft erst recht aus Mangel am Tauschmittel zusammenbrechen. Die laufend höhere Verschuldung hält das System also am Laufen, wohingegen»Sparen« es zusammenbrechen lässt.

Was passiert nun, wenn beispielsweise der Staat im heutigen System seine Ausgaben einschränkt, also»spart«? Dann fehlt plötzlich Kaufkraft in der Wirtschaft, und zunehmend kommen immer mehr Betriebe in Schwierigkeiten. Dies wirkt sich zuerst auf die kapitalintensiven Unternehmen aus, später auch auf alle anderen. Die Folge wäre eine

Deflation, da der Geldkreislauf ins Stocken gerät und Geld in der Volkswirtschaft fehlt.

So rief beispielsweise der Präsident des Verbandes Bauindustrie angesichts der dramatischen Lage auf dem Bau schon Mitte 2001 zur Bildung eines Notkartells auf und erklärte, dass der damalige Finanzminister Eichel sofort aufhören solle, uns »tot zu sparen«. Ähnliches vollzog sich dann zehn Jahre später wieder, als die Regierung ein massives Sparpaket von 80 Milliarden Euro ankündigte. Wie wir schon gesehen haben, erfordert jede Sparpolitik zunehmend Opfer: im Extremfall verursacht sie die Verarmung eines Landes, weil ohne zusätzliche Verschuldung nicht mehr investiert wird. Diese Sparpolitik erinnert an die Deflationspolitik von Reichskanzler Brüning in der Weimarer Republik, welche unmittelbar zur Weltwirtschaftskrise und Deflation in Deutschland führte.

Man kann die Problematik auch aus einem anderen Blickwinkel betrachten: Jedes Unternehmen muss, bevor es Gewinne einfahren kann, zuerst Vorfinanzierungskosten tragen. So müssen erst einmal Maschinen angeschafft und die Produktion geplant werden. Bis beispielsweise ein Auto vom Band rollen kann, dauert es in der Regel Jahre, in denen hohe Kosten zu tragen sind.

Diese Kosten werden durch Kredite finanziert. Die anfallenden Zinskosten muss der Unternehmer den Beschäftigten vom Lohn abziehen bzw. in Form erhöhter Preise an die Kunden weitergeben, da er auf keinen Fall Verluste machen will. Da nun die Arbeiter weniger verdienen und die Kunden mehr zahlen müssen als ohne Kapitalkosten, kann die Kaufkraft der Bevölkerung nie ausreichen, um die produzierten Produkte zu kaufen. Dadurch entsteht für das Gesamtsystem laufend ein Zwang, sich immer schneller zu verschulden.

Der steigende Zinsanteil entzieht damit der ganzen Volkswirtschaft laufend Geld, welches dann als Massenkaufkraft fehlt. Dies kann nur dadurch ausgeglichen werden, indem noch mehr Schulden gemacht werden und damit das Geld vorübergehend wieder in den Geldkreislauf gelangt.

Es handelt sich also bei unserem System um einen **Verschuldungszwang,** weil ohne steigende Schuldenaufnahme kein Geld mehr in den

Wirtschaftskreislauf zurückgeführt wird. Zwar muss sich der Einzelne nicht verschulden, wohl aber die Volkswirtschaft als Ganzes. Da die Geldvermögen jedes Jahr um den Zinssatz ansteigen und dieser Zinsbetrag nur über neue Schulden wieder reinvestiert werden kann, muss die Verschuldung jedes Jahr anwachsen.

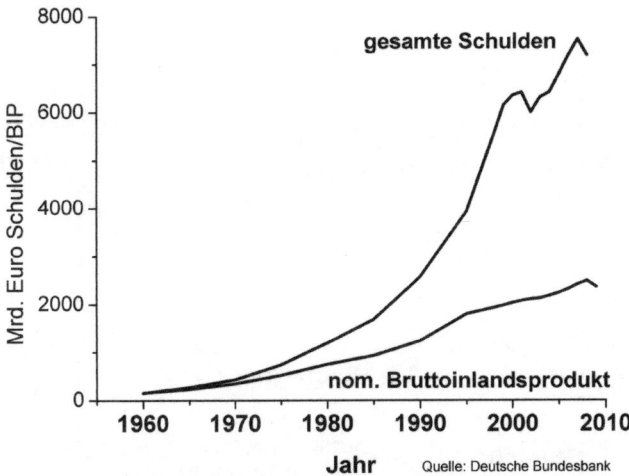

Abb. 6: Bruttoinlandsprodukt und Gesamtverschuldung in Deutschland

Der Vergleich der Entwicklung des Bruttosozialproduktes und der Gesamtverschuldung zeigt deutlich die auseinanderlaufende Entwicklung. Dabei wachsen die Schulden etwa viermal schneller als das Bruttosozialprodukt. Wenn die Wertschöpfung langsamer wächst als die Kreditaufnahme – das sollte eigentlich jedem Kind klar sein –, entsteht ein immer größer werdendes Problem. Es ist wie bei einer Einzelperson, deren Schulden viermal schneller wachsen als deren Einkommen. Der Bankrott muss die logische Folge sein.

In solch einem System ist eine richtige Schuldenreduzierung unmöglich. Kredite können nur von einem auf den anderen Sektor umgebucht werden, wenn etwa – wie im Jahr 2000 – der Staat Mobilfunklizenzen verkauft und dabei seine Schulden tilgt, während sich die

Unternehmen um genau den gleichen Betrag neu verschulden müssen. Die Folgen eines solchen Mechanismus sind ganz eindeutig: Die Kapitalkosten für die explodierenden Schulden werden immer größer und entsprechend müssen die Gewinn- oder Arbeitseinkommen kleiner werden. Eindrucksvoll lässt sich das anhand einer Modellrechnung zeigen:

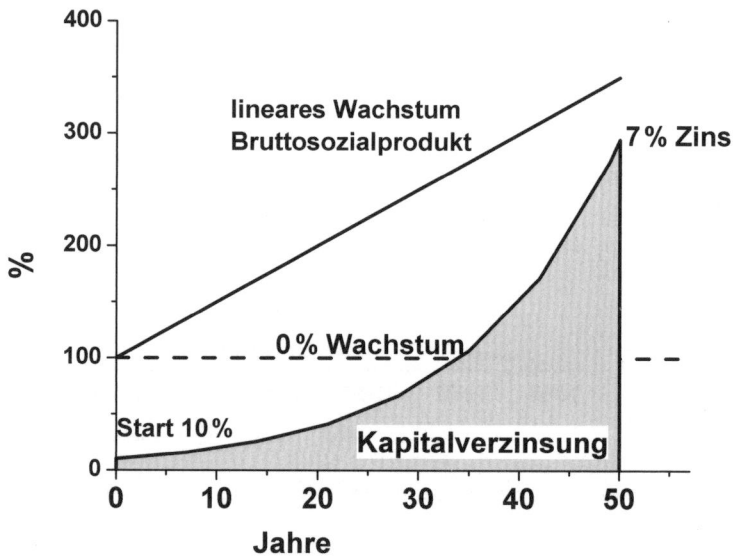

Abb. 7: Modellrechnung Entwicklung reale Volkswirtschaft und Kapitalanteil

Seit Kriegsende wächst die Volkswirtschaft inflationsbereinigt linear. Anfangs war der Kapitalanteil (Verzinsung) klein und stieg nach der Zinseszinsrechnung um real sieben Prozent pro Jahr an. Zu Beginn konnte das gesamte Geldkapital hoch verzinst in der wachsenden Produktion angelegt werden. Da sich jedoch der Zuwachs der Zinslast mit der Zeit beschleunigt, die Steigerung der Produktion jedoch nur um gleiche Beträge jedes Jahr möglich ist, wird die Bedienung des Kapitals mit jedem Jahr schwerer.

Zusätzlich lässt sich auch die ständige Zuwachsrate bei der Produktion immer schwerer aufrechterhalten, da der Markt zunehmend gesättigt ist und der Wettbewerb dadurch größer wird. Auch die Kaufkraft der Bevölkerung wird durch die Zinslasten ständig kleiner, womit auch der Unternehmensabsatz letztlich geringer werden muss.

In unserer Modellrechnung wächst nach etwa 35 Jahren (Jahr 1982 in der Realität) der Kapitalanteil erstmals schneller als die reale Wirtschaft. Damit sinkt die erzielbare Rendite aus dem Produktivvermögen. Für den Geldanleger wird es damit immer uninteressanter, sein Kapital in die reale Wirtschaft zu stecken.

Dieser Tatbestand wird auch durch offizielle Zahlen untermauert: Die rechnerische Kapitalproduktivität ist nach Angaben der Bundesbank schon in den 1990er-Jahren um 1,3 Prozent pro Jahr gesunken.[9] In der Endphase eines solchen Systems reicht dann das Wirtschaftswachstum nicht mehr aus, um die steigenden Kapitalforderungen bedienen zu können. Dann beginnen die Einkommen real zu sinken, da die Unternehmensgewinne zurückgehen, Löhne gedrückt werden und Steuern und Abgaben ausufern. Das führt dann unmittelbar zu einer deflationären Tendenz – das System ist damit von sich aus immer deflationär.

Die ständigen Forderungen nach Lohnsenkungen können die Misere der Unternehmen auch nicht verbessern. So erkannte eine Studie der Universität Augsburg:»Langfristig sind durch Lohnzurückhaltung negative Auswirkungen auf die Beschäftigungspolitik zu befürchten.«[10]

Eigentlich sollte es auch klar sein, dass, je weniger die Bevölkerung verdient, sie umso weniger auch ausgeben, also die Produkte der Wirtschaft kaufen kann. Dieser Punkt der Kaufkraft wird allerdings bei der ganzen Diskussion über das»Sparen« gar nicht berücksichtigt.

Statt die Ursache der Problematik genauer zu untersuchen, forderte der damalige Präsident des Deutschen Industrie- und Handelstages, Ludwig Georg Braun, schon vor zehn Jahren wieder einmal eine Nullrunde bei Löhnen und Gehältern:»Im Interesse des Wettbewerbs und der Arbeitslosen wäre es auf absehbare Zeit richtig, die Lohnkosten beim derzeitigen Stand einzufrieren.«[11] Ein anderes Mal ging Braun noch weiter und forderte sogar unbezahlte Mehrarbeit. Das sei seiner Ansicht nach der richtige Weg, Arbeitsplätze zu schaffen.[12]

Letztlich ändert allerdings alle Polemik nichts daran, dass das System auf eine explodierende Verschuldung nach der Zinseszinsrechnung angewiesen ist.

Doch statt den durch den Zinseszins explodierenden Schuldenberg und die daraus entstehenden Kapitalkosten als Ursache der Problematik dingfest zu machen, sind die Verantwortlichen oftmals bestrebt, gerade davon abzulenken.

So forderte Ex-Bundesbankchef Hans Tietmeyer, dass das »bewährte Ordnungssystem« entschlackt und von seinem Ballast befreit werden müsste, was letztlich nichts anderes bedeutet, als dass wieder Menschen auf die Straße gesetzt werden sollen.

Ähnliches meinte der damalige IW-Chef Fels, als er betonte, dass die Soziale Marktwirtschaft in den Wohlstandsjahren »zu viel Speck« angesetzt und man sich zu viel gegönnt habe. Die Staatsschulden seien dadurch aus dem Ruder gelaufen. Und Korrekturen des Ordnungssystems im Sinne von mehr Marktwirtschaft und weniger Staat würden durch Reformängste in der Bevölkerung blockiert.[13]

Dass jedoch der Schuldenberg eben nicht durch Verschwendungsmentalität der Bevölkerung, sondern durch einen Systemzwang verursacht wurde und wird, das wird gerne verschwiegen. Mit Recht sehen die Menschen die »Reformen« mit Skepsis, da dadurch gar keine Problemlösung erreichbar ist, wie wir gesehen haben.

Um es noch mal mit aller Deutlichkeit zu sagen: In unserem System muss die Verschuldung deshalb wachsen, weil die ihnen gegenüberstehenden Geldvermögen durch den Zinseffekt immer weiter zunehmen. Nur durch immer neue Schulden kommt dieser Zinszuwachs wieder in die Wirtschaft. Jeder Rückgang der Verschuldung hätte sofort eine schwere Wirtschaftskrise mit Deflation zur Folge. Unser System wird durch einen Verschuldungszwang charakterisiert.

Schulden führen zu Spekulationsblasen, Crash und Deflation

Den wenigsten ist dabei heute bewusst, dass durch die explodierenden Schulden mit zunehmender Zeit eine spekulative Blase an den Börsen erzeugt wird. Auffällig am Aktienindex ist, dass dieser nach dem Krieg eigentlich erst Anfang der 1980er-Jahre richtig zu steigen begonnen hat. Zum gleichen Zeitpunkt kam es auch beim Schuldenniveau weltweit zu einer Beschleunigung der Problematik, was an der ersten Schuldenkrise damals in Lateinamerika deutlich wurde. Erst im Jahr 2002 brach der Aktienmarkt, vor allem in Deutschland, massiv ein, um danach bis zur Finanzkrise 2008 wieder anzusteigen, abermals einzubrechen und danach wieder atemberaubend nach oben zu schießen. An diesem heftigen Auf und Ab wird schon deutlich, dass das System immer instabiler wird und zu kollabieren droht. Wie kann man sich nun dieses Phänomen erklären? Dazu ist es hilfreich, sich nochmals die Modellrechnung aus dem vorangegangenen Kapitel in Erinnerung zu rufen (Abb. 7).

Wie wir gesehen haben, entwickelt sich das Bruttosozialprodukt linear, während sich die Kapitalkosten ganz nach der Zinseszinsmathematik exponenziell, also mit steigender Geschwindigkeit vergrößern. Das bedingt, dass am Systemanfang die Zinslasten nur eine untergeordnete Rolle spielen, da der Zuwachs des Bruttosozialproduktes dann noch größer ist als der Anstieg der Zinskosten.

Da jedoch die exponenzielle Entwicklung nach einigen Jahrzehnten die lineare Entwicklung einholt, kommt es ab dem Moment, an dem die Kapitalkosten erstmals schneller zunehmen als die Produktivität, zu wachsenden Problemen.

Übertragen auf die reale Wirtschaft bedeutet das, dass dieser Umkehrpunkt im System Anfang der 1980er-Jahre erreicht wurde. Seither sind die Unternehmen mit steigenden Kapitalkosten und entsprechend sinkenden realen Gewinnen bzw. einer sinkenden Unternehmensrendite konfrontiert. Auch die Deutsche Bundesbank erklärte schon, dass allein in den 1990er-Jahren die Unternehmensrendite um durchschnittlich 1,3 Prozent im Jahr gefallen ist. Dies bedeutete allerdings für den Kapitalinvestor, dass es sich immer weniger lohnt, in reale Unternehmen zu investieren. Als Anlagealternative wurde schnell der Aktienmarkt entdeckt. Es wurden immer mehr Aktien herausgegeben, gekauft und die Kurse schnell in schwindelerregende Höhen getrieben. Das Missverhältnis zwischen realer Produktion und Aktienkursen musste zunehmend krasser ausfallen.

Zwangsläufig ist mit dieser Entwicklung in Zukunft ein weiterer Aktiencrash verbunden. Dieser Crash bringt dann auch schnell den weltweiten Schuldenturm, mitsamt dem fehlerhaften Finanzsystem zum Einsturz. An dieser Stelle sollte jedoch nur klar werden, dass durch Zinseszins steigende Schulden zwangsläufig zu fallenden Unternehmensgewinnen und damit spekulativen Blasen führen. Der Anstieg des Börsenniveaus kann deshalb sehr gut als Krankheitsindikator für das System herangezogen werden.

Genau dieses System führt dann zwingend zur Deflation, denn das normale Ende unseres exponenziellen Zinseszinssystems heißt Deflation. Doch trotz dieser Gefahr reden heute fast alle von einer angeblichen Inflation und verschweigen die Deflationsbedrohung.

WARUM HEUTE FAST ALLE VON INFLATION REDEN, ABER KAUM JEMAND VON DEFLATION

>>*Das Vergnügen kann sich auf Illusionen stützen,*
aber das Glück beruht auf der Wahrheit.<<

Chamfort

Obwohl die Geschichte das Gegenteil beweist, ist es heute durch massive Propaganda von Medien, Politikern und Lobbyistengruppen, trotz der schlimmen Krisen von 2008/2009 und der Eurokrise von 2010, bisher gelungen, die Deflationsgefahr klein zu reden und die Menschen auf eine falsche Fährte, nämlich die der Inflation zu lenken.

Warum versuchen mächtige Gruppierungen, die Bevölkerung so an der Nase herumzuführen?

Hilfreich ist es, sich anzusehen, welche Gruppen an einer Inflationspropaganda beteiligt sind. Dabei gibt es im Großen und Ganzen vier Gruppen:
– Politiker und ihre Berater
– Wirtschaftsvertreter
– Medien
– Goldlobbyisten

Politiker und ihre Berater propagieren Inflation, weil sie beim Einräumen einer Deflationsgefahr in Argumentationsbedrängnis kommen würden. »Inflation« ist im Gegensatz zur Deflation ein gängiger Begriff, für den der Politiker keine große Erklärung liefern muss, um Eindruck beim Wähler zu schinden. Dazu kommt, dass, wenn Politiker eine Deflationsgefahr einräumten, sie selbst ihre Existenzgrundlage in Frage stellen würden. Deflation ist das absolute Versagen der Politik, und der Wähler würde zu Recht die Kompetenz eines Politikers oder einer Partei infrage stellen, wenn diese Politik zu einer Deflation führte.

Deshalb sind Berufspolitiker und auch Notenbanker bemüht, das »böse D-Wort« (wie ein Notenbanker einmal sagte) schnell wieder in der Schublade verschwinden zu lassen und keinesfalls zu thematisie-

ren. Da macht es sich viel besser, vor nicht vorhandenen »Inflations-
gefahren« zu warnen.

So sagte das Ratsmitglied der Europäischen Zentralbank (EZB), Ivan
Sramko, es drohe ein Inflationsschub und verwies darauf, dass in den
vorangegangenen zwölf Monaten eine »gigantische Liquiditäts-
schwemme« in die Finanzmärkte gepumpt worden sei. Dass danach
keine Inflation kam, sondern im Gegenteil die deflationären Kräfte
größer wurden, dazu erklärte die EZB nichts.[14]

Ähnlich der damalige Finanzminister Peer Steinbrück: »Es wird so
viel Geld in den Markt gepumpt, dass die Gefahr einer Überlastung
der Kapitalmärkte und einer weltweiten Inflation im Wiederauf-
schwung drohen könnte«.[15]

Dabei wurde, wie wir noch sehen werden, gar kein Geld in den
Markt gepumpt, sondern es wurden bloße Buchwerte zwischen den
Banken geschaffen.

In dasselbe Horn blasen alle Arten von **Wirtschaftssvertretern:** Würde
eine Deflationsgefahr eingeräumt werden, dann würden die Menschen sofort ihren Konsum reduzieren und mit »Angstsparen« reagieren. Das hätte unmittelbar Umsatzeinbrüche der Unternehmen zur
Folge, was Unternehmensvertreter unbedingt vermeiden wollen. Viel
besser klingt da die künstlich geschürte »Angst vor der Inflation«, welche die Menschen dazu animiert, ihre letzten Spargroschen für über-
teuerte, oftmals überflüssige Produkte auszugeben, was die Konjunktur künstlich so lange anheizt, bis das letzte Pulver verschossen ist.
Dazu kommt, dass die Bereitschaft der Menschen zur Verschuldung
drastisch zunimmt, wenn diese aus Angst vor einer Inflation die Hoffnung hegen, die Schulden real nicht mehr zurückzahlen zu müssen, da
eine Hyperinflation diese entwerten würde.

Ähnliches gilt auch für die Medien: Würden die **Massenmedien** die
Deflationsgefahr thematisieren, dann würden sie damit indirekt eingestehen, dass sie die Menschen jahrzehntelang an der Nase herumge-
führt haben, da sie das System an sich nie in Frage stellten. Das wäre
normalerweise die Aufgabe eines jeds gewissenhaften Journalisten
gewesen.

Die Medien sind keineswegs unabhängig. Es ergeben sich Verflechtungen bis in die Hochfinanz. Ebenso lenken die Politik und ihre Berater wie auch die Unternehmen die Massenmedien. Außerdem hängen sie von deren Werbegeldern ab und müssen dementsprechend das schreiben, was die Auftraggeber hören bzw. bezahlen wollen. Da verwundert es dann nicht, dass alle großen Massenmedien schon unter der Bankenkrise großangelegte Titelbeiträge zum Thema »Hyperinflation« brachten.

Eine relativ neue Gruppe sind hier die **Goldlobbyisten.** Das sind Leute, welche wieder einen Goldstandard einführen wollen. Ein Goldstandard bedeutet, dass die Geldmenge an eine Menge Gold, welches bei der Notenbank eingelagert werden muss, gebunden wird. Die Notenbank kann damit keine sinnvolle Geldmengensteuerung mehr betreiben und die Geldmenge den Erfordernissen der Wirtschaft anpassen, sondern ist ganz von den wenigen Goldbesitzern und deren Wohlwollen abhängig.

Wie wir noch sehen werden, war genau das die Ursache für die Weltwirtschaftskrise. Während man bis vor einigen Jahren dachte, der Fehler einer Goldwährung wäre seit Jahrzehnten erkannt worden und diese Idee einer Währung wäre nun in der Mottenkiste der Geschichte verschwunden, kam es in den letzten Jahren, begleitet durch massive Propaganda, zur Ausbildung von vielen Gruppierungen, welche zum größten Teil eine Goldwährung fordern. Dass solche Vertreter der Goldlobby, die oft auch gleichzeitig am lukrativen Goldhandel mit verdienen, kaum etwas von Deflation hören wollen, liegt auf der Hand. Eine Goldwährung lässt sich überhaupt nur mit einer drohenden Inflation begründen. Deshalb negieren solche Gruppen auch jeden geschichtlichen Verweis auf eine Deflation. Dazu kommt, dass Anhänger derartiger Lehren oft auch selbst im Gold breit engagiert sind oder damit Geld verdienen und ihre einseitige Investition nicht in Frage gestellt wissen wollen. Sie müssten sich sonst selbst eingestehen, einen Fehler begangen zu haben.

Die Vertreter dieser vier Gruppen haben es in der jüngsten Vergangenheit geschafft, jede Diskussion über die Deflation – und damit über das Geldsystem an sich – bereits im Keim zu ersticken.

Bei der normalen Bevölkerung kommt noch ein psychologischer Effekt dazu: die Angst vor einer Hyperinflation, die in der Geschichte aber eher selten auftrat.

Die Hyperinflation von 1923 hat sich tief in das Gedächtnis der einfachen Menschen eingebrannt. Die ältere Generation kennt noch die Geldscheine mit Milliardenwerten aus der damaligen Zeit. Die Jüngeren haben in der Schule bzw. aus Erzählungen der Großeltern davon gehört. Die viel schlimmere Deflation der 1930er-Jahre wurde demgegenüber jedoch fast gänzlich vergessen oder totgeschwiegen. Sie wurde also kaum thematisiert oder diese Zeit wird gar mit der Hyperinflation in einen Topf geworfen.

Kaum jemand weiß heute, dass es sich damals um eine Deflation und eben um keine Inflation gehandelt hat.

Dazu kommt, dass auf den ersten, oberflächlichen Blick die Deflation ein angenehmes Ereignis zu sein scheint: Während jeder steigende Preise kennt und sich darüber ärgert, meinen die meisten, fallende Preise wären etwas Angenehmes, da man immer billiger einkaufen kann. Unbeachtet bleibt dabei jedoch, dass mit fallenden Preisen auch rückläufige Unternehmensgewinne und damit Firmenpleiten und Massenarbeitslosigkeit verbunden sind.

Expertenmeinungen zur Inflation und Deflation

Wie wenig Wissen heutzutage die meisten Experten speziell über die Deflation haben, das zeigen deren Äußerungen. Blickt man heute nach der Finanzkrise der Jahre 2008 und 2009 sowie der Eurokrise des Jahres 2010 auf die Medienlandschaft, dann sieht man überall nur Inflationswarnungen. Ob *Bild, Spiegel* oder *Focus,* die Massenmedien sind sich offenbar einig, dass eine »Hyperinflation« kommen wird.

In diesen Chor stimmen fast alle Experten mit ein. So warnte beispielsweise der amerikanische Investmentexperte Jim Rogers vor einer »extrem ernsten« Inflationsgefahr.[16]

Der Wirtschaftswissenschaftler Thomas Straubhaar, Direktor des

Hamburgischen Weltwirtschaftsinstituts (HWWI), erwartete schon Anfang 2009 eine kräftige Geldentwertung in Deutschland. »Schon in einigen Monaten wird die Inflation deutlich nach oben schießen«, wurde er zitiert.[17]

Dasselbe gilt für Crash-Propheten wie Roland Leuschel und Claus Vogt, die ebenfalls Ende 2009 vor einer dramatischen Inflation warnten: »Wir erwarten in den kommenden Jahren hohe Inflationsraten und sehen sogar das Gespenst einer Hyperinflation.«[18]

Dass die Argumente richtig betrachtet haltlos sind, werden wir später noch klären. Wichtig ist hier festzustellen, dass die Medien sich auf ein Szenario festgelegt haben und das Deflationsproblem meist negieren.

Dasselbe auf dem Buchmarkt: Nach der Finanzkrise von 2008 und 2009 überschwemmten Bücher über Inflation regelrecht den Markt. Während eine Flut an Titeln wie *Die Inflation kommt* oder *Sprengsatz Inflation. Können wir dem Staat noch vertrauen?* erschienen, wurde das Thema Deflation überhaupt nicht abgehandelt.

Das Thema Inflation wird darüber hinaus in Dutzenden Büchern zum Thema Gold oder Staatsbankrott erörtert. Keines jedoch behandelt das Thema Deflation. Und wenn, dann eher als Randthema, dem keine Bedeutung zugemessen wird. Ein Grund, warum über die Deflation sowohl in Fachartikeln als auch in Büchern so wenig geschrieben wird, liegt sicher darin, dass so gut wie niemand dieses Phänomen kennt. Die letzte Deflation liegt 80 Jahre zurück, sodass kaum jemand diese Zeit noch bewusst miterlebt hat, und so geriet diese Krisenform immer mehr in Vergessenheit.

Wie wenig die Medien und die meisten Journalisten über das Problem Deflation wissen, das zeigt folgendes Beispiel einer Leserinnenanfrage an die Zeitschrift *Finanztest* Ende 2009:

Katharina S. aus Köln: »Sie schreiben immer nur über Inflationsschutz. Aber wie kann ich mein Geld vor Deflation schützen?«

Finanztest: »Deflation heißt, dass die Preise flächendeckend und lang anhaltend fallen. Das, was Sie heute nicht kaufen, bekommen Sie morgen billiger. Ihr Geld wird quasi von alleine immer mehr wert. Ein Schutz ist daher nicht notwendig.«

Die Zeitschrift hat das Problem gar nicht erkannt und meint irrig, wenn der Geldwert in einer Deflation steige, dann wäre dies für die Menschen vorteilhaft und man müsse sich nicht absichern. Das Gegenteil ist jedoch der Fall: Gerade in einer Deflation gehen Unternehmen bankrott, werden Lebensversicherungen zahlungsunfähig, schließen die Bankschalter und das persönliche Vermögen ist verloren.

Nicht besser die offiziellen Experten: Als Anfang 2009 unter der Bankenkrise die Inflationsrate auf Rekordtiefs fiel und die Konjunktur beinahe zum Stillstand kam, warnten viele Experten vor einer bevorstehenden Inflation.

Der Präsident des Deutschen Instituts für Wirtschaftsforschung (DIW), Klaus Zimmermann, sagte, bis Ende 2010 könne bei einer weiteren Verschärfung der Krise die Verschuldung Deutschlands von über 1,5 auf 1,8 Billionen Euro ansteigen.»Mit der Überschuldung, die auf Dauer nur durch eine Aufblähung der Geldmenge erreicht werden kann, wächst die Gefahr von Inflation und Staatsversagen.«[19] Dass jedoch gerade eine Überschuldung durch die hohen Zinslasten nicht inflationär, sondern deflationär wirkt, das verschwieg der Experte. Oder er wusste es nicht besser – was eigentlich bezweifelt werden muss.

Genauso äußerte sich Thomas Straubhaar, Direktor des Hamburgischen Weltwirtschaftsinstituts (HWWI), der behauptete, die Geldentwertung werde im Jahr 2010 »rasch in den Bereich zwischen fünf und zehn Prozent steigen«[20]. In Wirklichkeit blieb die Inflationsrate in diesem Jahr auf einem Rekordtief von unter einem Prozent.

Einer der wenigen Experten, die den Deflationsmechanismus durchschaut haben, ist Prof. Fredmund Malik vom Management Zentrum in St. Gallen. Er sagt deutlich:»Die Deflation wird kommen und sie kommt über Nacht. Wir werden ein Sinken aller Sachwerte erleben: Immobilien, Aktien, auch gut bewertete Rohstoffe und sogar Edelmetalle werden davon betroffen sein.«

Er sieht folgerichtig nach der Finanzkrise der Jahre 2008/2009 einen erneuten Absturz kommen. Der scheinbare Aufschwung vom Jahr 2009 bringe nicht das Ende der Krise, sondern bedeute überhaupt erst deren Anfang. Die heutige Welt sei nach Malik durchseucht mit Schulden und die jetzige Krise sei überhaupt ein Übergang von einer alten zu einer neuen Welt.[21]

Das Grundproblem unseres Finanzsystems ist die permanent zunehmende Verschuldung.

Diese explodierende Schuldenlast führt am Ende dazu, dass eine Schuldenkrise entsteht und der Ausfall von Krediten zu einer Reduzierung der umlaufenden Geldmenge führt, welche dann unmittelbar in eine Deflation mündet.

Dabei gibt es im heutigen System, solange eine wirkliche Systemänderung abgelehnt wird, kaum eine Möglichkeit, die deflationäre Abwärtsspirale aufzuhalten.

Dabei beweisen die Fakten, dass es letztlich immer zuerst zu einer längeren Deflation kommen muss, bevor überhaupt eine Hyperinflation denkbar ist.

WARUM KEINE INFLATION, SONDERN EINE DEFLATION KOMMEN WIRD

>*Die US-Kerninflationsrate (ohne Energie- und Nahrungsmittelpreise)*
ist im Juli bereits auf 0,9 Prozent gesunken – die geringste
Jahresteuerung seit 1966. Bei Andauern der konjunkturellen Talfahrt
käme das Preisniveau unweigerlich noch stärker unter Druck.«

Tagesanzeiger, 14.08.2010

Lässt man die Propaganda und die Behauptungen von Politikern, Medien, Unternehmensvertretern und der Goldlobby zur Inflation einmal weg, dann zeigen die Fakten sehr deutlich, dass wir schon in naher Zukunft eine Deflation zu erwarten haben.

Auch bei den Preisen werden immer nur die Erhöhungen bei Einzelpreisen genannt, jedoch die vielen Preissenkungen bei anderen Produkten verschwiegen. Der Spruch »Alles wird immer teurer« ist schon fast zum Standardspruch geworden – unbeachtet bleibt, dass das nur teilweise zutrifft und viele Preise unter einem massiven Kostendruck stehen. So konnte man noch nie so günstig telefonieren wie heute, die Preise sind nach wie vor am Purzeln. Gebrauchtwagen waren noch nie so günstig wie im Jahr 2010: 2009 fielen die Gebrauchtwagenpreise insgesamt um fast zehn Prozent gegenüber dem Vorjahr.[22] Auch die Preiskämpfe im Einzelhandel werden vergessen: So gab es bis April 2010 bereits zum vierten Mal eine Preissenkungswelle, und die Discounter reduzierten die Preise für zahlreiche Produkte noch weiter. Marktführer Aldi warb in großformatigen Anzeigen mit Preissenkungen für viele Produkte. Die Preisabschläge betrugen bis zu 17 Prozent. Der zur Edeka-Gruppe gehörende Discounter Netto und der zur Rewe-Gruppe gehörende Konkurrent Penny senkten ebenfalls die Preise für viele Artikel. Auch der fränkische Discounter Norma zog bei der vierten Preissenkungswelle in diesem Jahr mit.

Metro-Chef Eckhard Cordes sprach sogar davon, dass es 2009 einen »geradezu mörderischen Preiswettbewerb« gegeben habe.[23]

Auch der Fakt, dass Reisen immer billiger wurden, wird gerne unter den Teppich gekehrt. Fünf bis sechs Prozent preiswerter wurden Ende 2009 die Reisen bei Marktführer Tui. Reisen in die Türkei wurden bei den Konkurrenten um zehn Prozent günstiger. Alltours reduzierte um 7,5 Prozent und Rewe bot seine Pauschalreisen im Schnitt sechs Prozent preiswerter an. Flüge werden heute beispielsweise schon deutlich billiger angeboten als eine normale Bahnfahrt. 70 Euro von Berlin nach München und zurück – so günstig ist Fliegen heute unter dem Preisdruck geworden.

Auch von den massiven Preissenkungen im Jahr 2009 ist oft keine Rede: Teure Bordeaux-Weine sanken teilweise um 50 Prozent im Preis.[24] Doch noch wichtiger ist das immer weitere Zurückfallen des wichtigsten Preises in einer Volkswirtschaft – der Löhne. Ein Großteil der heutigen Löhne verharrt – wie wir noch sehen werden – real auf dem Niveau von 1990. »Arbeit ist heute billig wie Dreck«, wurden schon Manager großer Konzerne zitiert.

Doch von den Preissenkungen abgesehen, deuten auch viele andere Entwicklungen darauf hin, dass wir bereits in naher Zukunft eine richtige Deflation erleben werden. Einer der wichtigsten Indikatoren dafür ist beispielsweise das niedrige Zinsniveau.

Warum es bei niedrigen oder fallenden Zinsen keine Inflation geben kann

»Je größer der Optimismus, desto höher diese Zinsen und umgekehrt.
    Die aktuellen Zinsen drücken klar die Erwartung aus, dass die Wirtschaft erneut in eine Rezession zurückfällt. Weil das Preisniveau vielerorts schon sehr tief ist, hätte das eine Deflation zur Folge.«
    Tagesanzeiger, 19.08.2010

Heute werden immer wieder falsche Schlussfolgerungen aus der Entwicklung gezogen. Es wird behauptet, dass niedrige Zinsen zu vermehrter Geldmengenausweitung und schließlich zur Inflation führen würden.

Dabei wird nicht berücksichtigt, wie sich der Kreditzins überhaupt zusammensetzt und auf welche Weise diese Bestandteile des Zinses Indikatoren für die kommende Inflationsrate sind.

Der Kreditzins besteht im Wesentlichen aus folgenden Bestandteilen:

Eigentlicher Zins
+ Inflationszuschlag
+ Risikozuschlag
+ Gewinn der Bank/des Geldverleihers
= Höhe des Kreditzinses

Der eigentliche Zins kommt durch Angebot und Nachfrage nach Krediten zustande. Steigt die Nachfrage nach Krediten, weil beispielsweise die Wirtschaft boomt und deshalb vermehrt Unternehmer Firmenkredite benötigen, dann steigt der Zins, weil einem kleinen Angebot an Krediten eine steigende Nachfrage gegenübersteht und der Geldverleiher bzw. die Bank dann mehr Zins verlangen kann. Da es in unserem System durch den Zins einen permanenten Mangel an Kapital gibt, ist der Zins immer positiv.

Zu diesem eigentlichen Zins addieren der Geldverleiher bzw. die Bank dann einen Inflationszuschlag. Kein Geldverleiher will am Ende der Kreditlaufzeit weniger realen Geldwert zurückerhalten, als er anfangs ausgeliehen hat. Deshalb addiert er zu dem Zinssatz die zu erwartende Inflation als Ausgleich für den Kaufkraftverlust durch die Preissteigerung in der Kreditlaufzeit. Je größer die zu erwartende Inflation ist, umso größer wird dieser Anteil am Zins.

Zu dem Ganzen wird der Geldverleiher dann auch noch einen Risikozuschlag addieren, da er damit rechnen muss, dass ein Teil der ausgegebenen Kredite nicht mehr zurückgezahlt wird. Je riskanter er einen Schuldner einschätzt, umso größer wird dieser Anteil im Zins ausfallen. Deshalb müssen beispielsweise auch Staaten mit geringerer Bonität für ihre Anleihen mehr Zins bieten als Staaten mit hoher Bonität. Das ist der Grund dafür, warum Anfang des Jahres 2010 die Zinsen griechischer Anleihen nach oben schossen. Der Markt hatte einfach Angst vor einer Pleite Griechenlands, und dies wurde im Zins eingepreist.

Nicht zuletzt werden der Geldverleiher oder die Bank dann noch einen Gewinn für sich in den Kreditzins einberechnen. Dieser Gewinn entspricht heute bei Banken im Allgemeinen der sogenannten

»Bankenmarge«. Das ist die Differenz zwischen dem Zinssatz, den die Bank an Einleger zahlt, und dem, was ein Kreditnehmer zahlen muss.

Wie entwickelte sich nun der Zins über die letzten Jahrzehnte?

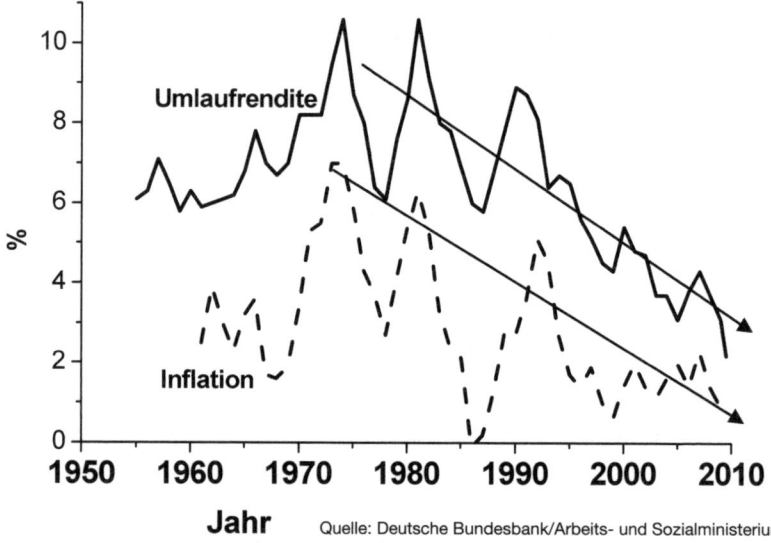

Abb. 8: Stark fallende Entwicklung von Inflation und der Umlaufrendite festverzinslicher Wertpapiere in Deutschland

Wie Sie an der Grafik sehen können, ist das Zinsniveau in erster Linie direkt von der Inflationsrate abhängig: Geht die Inflation nach oben, dann steigen automatisch die Zinsen. Dieser Zusammenhang ist offensichtlich, weil Investoren als Ausgleich für eine steigende Geldentwertung einen Inflationszuschlag zum Zins verlangen. Umgekehrt gilt aber auch: Sinkt die Inflationsrate, dann gehen auch die Zinsen nach unten.

Die Entwicklung des Zinsniveaus erlaubt damit eine direkte Aussage darüber, wie sich in Zukunft das Preisniveau ändern wird. Das bedeutet, dass ein sinkendes Zinsniveau direkt auf eine deflationäre Tendenz hindeutet und eine baldige Inflation damit auszuschließen ist.

Schon Mitte 2010 erreichte das deutsche Zinsniveau einen Rekord-tiefststand: Die Umlaufrendite langlaufender festverzinslicher Anleihen bester Bonität war auf unter 2,2 Prozent gefallen – ein Tief, dass es seit Bestehen der Bundesrepublik noch nie gegeben hat. Daran können Sie klar erkennen, dass mittelfristig keine Inflation drohen wird. Hätten wir ein inflationäres Umfeld, müssten, wie in der Vergangenheit auch, die Zinsen unmittelbar und deutlich ansteigen. Noch nie hat es eine Phase hoher Inflationsraten bei einem fallenden Zinsniveau gegeben.

Hier tun sich nun neue Parallelen zur Weltwirtschaftskrise auf: Während der Weltwirtschaftskrise der 1930er-Jahre fiel der Zinssatz in Deutschland bis auf 0,25 Prozent und eine massive Deflation setzte ein. Ähnlich war die Entwicklung in Japan nach dem Crash der Aktien- und Immobilienblase 1990: Es kam zu einer schweren Wirtschaftskrise mit zurückgehendem Massenkonsum. Dies führte zu drastisch sinkenden Zinsen und einer Deflation, die bis heute nicht überwunden ist. Das Zinsniveau notiert folglich seit Langem in Japan bei nahe null Prozent. Dieses Beispiel werden wir später noch genauer betrachten.

Wie wenig eine Inflation zu erwarten ist, zeigt auch folgendes Beispiel aus der Praxis: Ein Landwirt brauchte im Jahr 2010 einen Kredit, um einen neuen Traktor zu kaufen. Die Bank machte ihm ein Zinsangebot von günstigen 4,55 Prozent für zehn Jahre. Nach kurzer Nachverhandlung gingen sie schnell auf vier Prozent zurück. Bei solch günstigen Kreditangeboten, bei denen die Bank auch noch mit den Zinssätzen nach unten geht, ist klar, dass da keinerlei Inflation erwartet und in den Kreditzins eingepreist wird. Würde wirklich eine Inflation kommen, dann müsste der Kreditzins sofort darauf reagieren und nach oben gehen. Keine Bank ist so dumm, heute billigste Kredite zu vergeben, die sie schon in naher Zukunft nur wieder inflationär entwertet zurückerhalten würde.

Auch in der Deflation kann der Zins später durch einen steigenden Risikozuschlag bei fortschreitender Krise nach oben gehen.

Es kommt dann also der Moment, wo die Kreditzinsen – durch Erhöhung des Risikozuschlages – wieder anfangen zu steigen, ohne dass dies eine Inflation bedeuten würde.

Das passierte beispielsweise im Jahr 2010 während der Eurokrise in Griechenland, als wegen einer befürchteten Staatspleite die Zinssätze für das Land immer mehr nach oben gingen – und das ohne Inflation. Halten wir also fest: Der Zins erlaubt unter normalen Umständen eine direkte Aussage über die zu erwartende Inflation. Fällt der Zins gar auf ein Rekordtief, dann kann es nicht unmittelbar zu einer Inflation kommen. Dazu kommt noch ein weiterer Punkt: die Liquiditätsfalle.

Die Liquiditätsfalle bei niedrigen Zinsen führt zur Deflation

»Die Menschen sparen, die Banken geben immer weniger Kredite, und nun schnüren die Staaten auch noch ein Sparpaket nach dem anderen. Daher war es auch kein Zufall, dass die Renditen ihren neuen Tiefststand unmittelbar nach Verkündung der Einschnitte in den Haushalt durch die Bundesregierung erreichten.«
Die Welt, 10.06.2010

Was immer wieder vergessen wird, ist der Fakt, dass niedrige Zinsen von selbst zur Deflation führen. Je kleiner die Rendite wird, die am Geldmarkt zu bekommen ist, umso geringer wird die Motivation der Anleger, ihr Geld bei der Bank anzulegen. Ab einem bestimmten Zinssatz wird Geld dann kaum noch angelegt und lieber gehortet oder in Spekulationsblasen gesteckt, die eine scheinbar hohe Rendite versprechen.

Dies gilt umso mehr, wie die Banken unter Druck stehen und es zu Bankenpleiten kommt. Nicht umsonst stieg die Bargeldhortung nach dem Finanzcrash im Herbst 2008 auf neue Rekordwerte.

Deshalb warnte Bundesbankpräsident Weber im April 2009 davor, dass er eine Senkung des Notenbankzinses unter ein Prozent kritisch sehe. Das Ausleihen überschüssiger Liquidität würde dann praktisch nicht mehr vergütet, und es bestehe die Gefahr, dass der private Inter-

bankenmarkt zum Erliegen komme. Marktakteure wie Geldmarktfonds wären dann »schlicht in ihrer Existenz bedroht«[25].

Der Bundesbankpräsident spielte hier direkt auf die Liquiditätsfalle
an, die den Geldkreislauf unmittelbar bremst und deflationäre Folgen
nach sich zieht. Liquiditätsfalle bedeutet, dass es beim Unterschreiten
eines Mindestzinssatzes zu einem permanenten Entzug von Kapital
aus dem Geldkreislauf kommt, weil zunehmend weniger Investoren
bereit sind, für eine niedrige Rendite ihr Geld zu investieren. Sinkende
Zinsen sind deshalb im heutigen System sehr bedrohlich, da sie unmittelbar über den Geldentzug zu einer Deflation führen können.

Das ist auch der Grund, warum die Deflation in Japan seit vielen
Jahren besteht und kein Ende nimmt: Bei nahezu null Prozent Zins ist
einfach niemand mehr bereit, sein Geld zu verleihen oder zu investieren. Eine Deflation bedeutet eine Dauerkrise. In Japan war dies nur
deshalb bisher keine Katastrophe, weil das Land die deflationären Effekte durch einen verstärkten Außenhandel mit einer florierenden
Weltwirtschaft ausgleichen konnte. Die nächste Deflation wird jedoch
die ganze Welt treffen. Und in einem solchen Fall wird sich kein Land
mehr durch Exporte befreien oder diese damit abmildern können.

Bei der Deflation kommt dazu, dass das Geld sogar real ständig an
Kaufkraft gewinnt und es sich dann für den Anleger eher lohnt, das
Geld zu horten, als es anzulegen oder zu investieren. Da verwundert
es nicht, dass solch eine Konstellation an niedrigen Zinsen sehr schnell
zu einem regelrechten Wirtschaftsstillstand führen kann, aus dem es
mit heutigen und normalen Mitteln kein Entrinnen mehr gibt.

In der Vergangenheit gab es die Weltkriege, die sich heute natürlich
keiner mehr wünscht.

Schon im Sommer ging es mit dem Zins in Deutschland immer weiter
nach unten: Für zehnjährige Staatsanleihen gab es Anfang September
2010 nur noch eine Rendite von knapp 2,09 Prozent. Allein im August
sank die Rendite unterm Strich um 58 Basispunkte. Eine derart rasante
Entwicklung hatte es seit der *Lehman-Brothers*-Pleite Ende 2008 nicht
mehr gegeben.[26] In den USA sank die Rendite für zehnjährige Staatsanleihen im Sommer 2010 sogar auf ein Allzeittief von nur noch 0,45
Prozent.[27]

Daran wird deutlich, wie drängend das Deflationsproblem ist und wie schnell sich daraus eine Liquiditätsfalle mit deflationärer Abwärtsspirale entwickeln könnte. Es stimmt also nicht, was die Inflationisten oftmals behaupten, dass niedrige Zinsen zu einer Ausweitung der Geldemission und damit Inflation führen würden, denn das genaue Gegenteil ist der Fall.

Weshalb steigende Preise keine Inflation bedeuten müssen

Häufig wird auch der Fehler begangen, steigende Preise automatisch mit »Inflation« in Zusammenhang zu bringen. Dabei wird jedoch übersehen, dass steigende Preise allein niemals langfristig zu einer Inflation führen können. Steigen beispielsweise die Preise, weil die Regierung die Mehrwertsteuer erhöht, dann hat das zur Folge, dass die Massenkaufkraft der Bevölkerung sinkt. Durch die höheren Preise können nicht mehr so viele Produkte gekauft werden, was zu Umsatzeinbrüchen bei den Unternehmen und damit wieder fallenden Preisen führt.

Genauso führen teilweise Preiserhöhungen in manchen Sektoren nicht zu einer Inflation, sondern haben deflationäre Effekte: Steigt beispielsweise der Benzinpreis an, müssen die Menschen mehr Geld für Treibstoff ausgeben und haben demzufolge weniger Geld übrig, um andere Produkte zu kaufen. Dann wird eben kein neuer Fernseher oder Neuwagen angeschafft, was in diesen Branchen zu fallenden Preisen führt. Die meisten Produkte heute sind nicht lebensnotwendig und werden in einer Deflationsphase »eingespart«.

Eine richtige Inflation kann es nur geben, wenn es zu einer Lohn-Preis-Spirale kommt, also parallel zu den Preissteigerungen auch die Löhne angehoben werden. Alles andere hat mit Inflation nichts zu tun und läuft langfristig auf eine Deflation hinaus.

Eine partielle Preissteigerung führt – wie gesagt – dazu, dass die Konsumenten in anderen Bereichen sparen, was wiederum in diesen Branchen Auftragseinbrüche verursacht. Den Umsatz können die betroffenen Firmen nur dann wieder erhöhen, wenn sie die Preise für ihre Produkte senken. Bloße Preissteigerungen lösen also niemals eine

Inflation aus, weil nämlich die Massenkaufkraft der Bevölkerung geschmälert wird. Das führt unmittelbar zu Umsatzeinbrüchen bei den Firmen und damit zu fallenden Preisen. Wie schon erläutert, haben Steuererhöhungen denselben Effekt. Wird beispielsweise die Umsatzsteuer erhöht, dann steigen die Preise der verkauften Produkte um diese höhere Steuer. Da jedoch die Löhne und damit die Massenkaufkraft nicht ebenfalls ansteigen, führt eine solche Steuererhöhung zwangsläufig zu einer Reduzierung des Gesamtkonsums in der Volkswirtschaft, was wiederum einen härteren Preiskampf und letztlich sinkende Preise nach sich zieht.

Die Inflationisten weisen heute oftmals auch auf steigende Rohstoffpreise hin, um damit eine angebliche Inflation zu beweisen. Doch würde die Inflation nur von den Rohstoffpreisen abhängen, dann hätten wir im Jahr 1998, als die meisten Rohstoffe auf Rekordtiefs notierten und Öl auf unter zehn Dollar pro Barrel im Preis fiel, eine Deflation gehabt.

Wichtig ist es deshalb, hier festzustellen, dass vor allem Rohstoffpreise, welche meist von Oligopolen beherrscht werden, ganz anderen Gesetzmäßigkeiten folgen, als nur von einer angeblichen Inflation abhängig zu sein. Monopolisten können willkürlich die Preise festsetzen. Dies ist ein Missbrauch der Marktmacht und trägt nicht die Merkmale einer Inflation.

Genausowenig hat die Tatsache, dass der Staat seine Steuern und Gebühren nach Belieben erhöhen kann, mit Inflation zu tun. Gerade solche Beispiele erhöhter Preise durch Monopole und administrative Entscheidungen werden von Inflationisten gern als »Beweis« für eine Inflation herangezogen, obwohl solche Preise überhaupt nichts aussagen.

Durch Wechselkursänderungen steigende Importpreise deuten ebenfalls nicht auf eine Inflation hin. Denn auch hier gilt: Werden diese nicht über steigende Löhne in einer Lohn-Preis-Spirale unterstützt, kommt es nur zu dem Effekt, dass durch die Preiserhöhungen die Massenkaufkraft sinkt und die Preiserhöhungen in der Summe damit von selbst abgewürgt werden.

Auch handelt es sich um keine Inflation, wenn die Kartoffelpreise steigen, weil immer mehr dafür vorgesehene Agrarflächen nicht für den Nahrungsmittelanbau, sondern zur Biogasgewinnung genutzt

werden. Angesichts des Booms von Biogasanlagen rechnet beispielsweise die Kartoffelindustrie mit einem deutlichen Preisanstieg bei
Pommes frites.

»Uns gehen Flächen verloren, weil Bauern mit Maisanbau mehr verdienen können als mit Kartoffeln, und zudem, weil jede Biogasanlage
auch Fläche braucht«, sagte Horst-Peter Karos vom Bundesverband
der obst-, gemüse- und kartoffelverarbeitenden Industrie (BOGK).
Auch die Pacht für Äcker steige »dramatisch«.[28]

Inflation liegt nur dann vor, wenn der Gütermarkt insgesamt aufgrund einer steigenden Geldmenge bei den Verbrauchern im Steigen
begriffen ist und dies gleichzeitig mit steigenden Löhnen unterfüttert
wird. Möglicherweise gab es auch einen verregneten Sommer, sodass
die Ernte schlecht ausfällt. Sich nur auf Einzelpreisbetrachtungen zu
versteifen, erlaubt keine fundierte Aussage über die Entwicklung des
Finanzsystems.

Eine bloße Preiserhöhung wirkt auch über den dann erhöhten Zinssatz
deflationär. Da der Zinssatz, wie wir gesehen haben, bei steigender Inflationsrate erhöht wird, bedeutet das für ein Unternehmen, dass damit
die für Kredite zu zahlenden Zinslasten überproportional zunehmen.
Wenn das Unternehmen bei null Prozent Inflation einen Zins von fünf
Prozent zahlen musste, dann geht dieser bei zehn Prozent Inflation auf
15 Prozent (fünf Prozent Zins + zehn Prozent Inflation). Das bedeutet
für das Unternehmen eine Verdreifachung der Zinslast. Da sich heute
jedoch die meisten Firmen gerade so an der Liquiditätsgrenze bewegen
und die Zinslasten mit Ach und Krach stemmen können, würde eine
Verdreifachung der Zinslast sofort zu einer Pleitewelle und zu Massenarbeitslosigkeit führen.

Wenn die Inflation also nicht durch ebenso steigende Löhne unterstützt wird und die Menschen diese steigenden Löhne nicht sofort ausgeben, wirken solche Preissteigerungen über die ausgelöste Pleitewelle
deflationär.

Dass die Löhne real schon seit 20 Jahren rückläufig sind, zeigte eine
Untersuchung des Hamburger Instituts *Statista*. In jedem zweiten der
100 gängigsten Berufe in Deutschland verdienten die Beschäftigten
unterm Strich real weniger als 1990. Ein weiterer Trend laut der Un-

tersuchung: Weniger Arbeitnehmer bekommen Weihnachts- und Urlaubsgeld oder ein 13. Monatsgehalt.[29]

Doch in anderen Ländern sieht es nicht besser aus: Gemäß einer Schätzung des französischen Landwirtschaftsministeriums sind die Einkommen der selbstständigen Bauern 2009 um 34 Prozent gesunken. Für 2008 wurde, hauptsächlich durch rückläufige Preise, ein Rückgang um 20 Prozent ausgewiesen. Nach Angaben von Frankreichs Agrarminister Bruno Le Maire erreicht das Durchschnittseinkommen eines Landwirtes in diesem Jahr mit 14.500 Euro nur noch die Hälfte des Jahres 2007. Er spricht von der größten Krise des Sektors während der vergangenen 30 Jahre.[30]

Real sind demnach die meisten Löhne gar nicht gestiegen. Das bedeutet, dass es den Menschen zunehmend unmöglich wird, eine steigende Anzahl an Produkten zu kaufen. Das führt jedoch letztendlich dazu, dass es zu einer deflationären Entwicklung kommt.

Ein anderer Aspekt, der heute immer wieder falsch interpretiert wird, ist die Überschuldung der Volkswirtschaft. Es wird behauptet, dass eine Überschuldung zwangsläufig in einer Inflation münden muss, dabei ist genau das Gegenteil der Fall.

Warum Überschuldung zur Deflation führt

»Im fanatischen Bemühen, sie (die Inflation, d. Verf.) niedrig zu
halten, liegt das beträchtliche Risiko, einige der größten
Volkswirtschaften der Welt in eine regelrechte Deflation zu treiben.«

Peter Warburton, Finanzanalyst[31]

Viele Menschen verstehen nicht, dass die durch den Zinseszins erzwungene Verschuldung am Ende zu einer Deflation führen muss. Durch den immer größeren Zinsanteil, den die Menschen aufbringen müssen, wird die Massenkaufkraft reduziert. Mit der Zeit wird es für die Unternehmen immer schwieriger, ihre Waren weiter zu verkaufen. Dadurch entsteht ein ruinöser Wettbewerb, der über ständig weiter sinkende Preise ausgefochten wird. Dies bedeutet eine Deflation und eben keine Inflation.

Ein anderer Punkt ist, dass steigende Schulden zu einem immer größeren Crashrisiko führen. Wie wir noch sehen werden, ist ein Crash jedoch immer deflationär, weil dadurch zum einen Geldvermögen vernichtet wird und zum anderen die entstehende Unsicherheit auf dem Markt dazu führt, dass Investoren ihre Gelder zurückziehen. Deshalb sind alle Krisen in der Geschichte, bei denen eine Schuldenblase platzte, stets deflationär verlaufen. Zuletzt platzte in der Finanzkrise 2008/2009 die Immobilienschuldenblase in den USA. Die Folge war ein enormer Preisverfall bei den Immobilien. Wenn jedoch Immobilien im Preis verfallen, dann ist das ganz sicher keine Inflation – wie immer behauptet wird –, sondern eben eine Deflation.

Dass eine Überschuldung die Deflation sogar noch anheizt, zeigt die Theorie der Verschuldungsdeflation, die der amerikanische Ökonom Irving Fisher 1933 nach dem großen Börsenkrach 1929 formuliert hatte. In seiner Analyse des Börsenkrachs war Fisher zu der paradoxen Schlussfolgerung gelangt, dass in einer Krise mit jeder getilgten Schuld die reale Schuld aller ausstehenden Verbindlichkeiten einer Volkswirtschaft steigt. Je mehr Schulden zurückbezahlt wurden, desto höher drückte die reale Schuldenlast auf die Wirtschaft und lähmte diese. Jede Rückzahlung einer Schuld kommt somit einer Geldvernichtung gleich und verursacht auf diese Weise das Absinken des Preisniveaus.

Der »unheilvolle Zusammenprall von Überschuldung und Deflation« löst demnach Überproduktion, Konsumschwäche, Überinvestition und somit in letzter Konsequenz eine Rezession aus. Diese Situation tritt Fisher zufolge dann ein, wenn der Vermögenswert, der mit dem Kredit beliehen wurde, stark an Wert verliert. Die Abwertung kann sogar so hoch ausfallen, dass der Schuldner einen höheren Nachschuss leisten oder den Kredit sofort zurückzahlen muss. Obwohl das beliehene Gut an Wert verloren hat, bleiben die Zahlungen an die Bank gleich hoch. Tritt dieses Phänomen auf breiter Front auf, kann es die deflationären Tendenzen verstärken.[32]

Das bedeutet, dass die Behauptung, eine Überschuldung der Staaten und der Wirtschaft würde unweigerlich zur Inflation führen, nicht stimmt. Das Gegenteil ist der Fall! Je höher die Verschuldung ist, umso größer ist der Druck, diese Schulden zu tilgen, was die Massenkaufkraft weiter reduziert und die Deflation noch mehr anheizt.

Derzeit wird auch erklärt, es müsste zu einer Inflation kommen, weil nur dadurch das Schuldenproblem gelöst werden könne.

Wieso eine Inflation nicht das Schuldenproblem löst

Die Notenbanken, so wird oftmals argumentiert, könnten doch im Falle einer Schuldenkrise die Notenpresse anwerfen und massiv Geld drucken und damit eine Inflation auslösen, was die Schulden entwerten würde.

Doch was hätte das für Folgen? Einmal würden die Zinsen, durch Erhöhung des Inflationszuschlages zum Zins, nach oben gehen. Das Zinsniveau entwickelt sich, wie wir gesehen haben, parallel zur Inflationsrate.

Durch eine Zinserhöhung schützt sich der Gläubiger vor einer realen Schuldenentwertung. Die Zinsen steigen dabei um die gleichen Prozentpunkte, wie die zu erwartende Inflationsrate. Dies bedeutet, dass zum einen die Schulden höher verzinst werden müssen und zum anderen der Gläubiger höhere Zinserträge hat. Im Endeffekt wird durch eine normale Inflation der reale Wert der Schulden in keiner Weise beeinflusst. Im Gegenteil! Denn durch den höheren Zinsfuß läuft das Zinseszinssystem mit einer bedeutend höheren Dynamik, womit sich die Probleme auch in schnellerem Maße erhöhen. Dauert es beispielsweise bei einem Zinssatz von fünf Prozent etwa 14 Jahre, bis sich die Schulden durch den Zinseszins verdoppelt haben, sind es bei zehn Prozent, wenn zu den fünf Prozent Zins noch fünf Prozent Inflation dazukommen, nur noch etwa sieben Jahre.

Eine Inflation ist also unter keinen Umständen geeignet, das Schuldenproblem anzugehen. Durch steigende Zinsen wird die Situation sogar noch verschlimmert.

Was aber wäre, wenn die Notenbanken die Druckerpressen so schnell laufen lassen würden, dass es wie im Jahr 1923 zu einer Hyperinflation käme? Das würde zwar momentan die Schulden im Inland entwerten, allerdings nur um den Preis, dass die Auslandsschulden durch die fallenden Wechselkurse enorm aufgewertet würden. Von einer Lösung der Problematik kann auch hier in keiner Weise gesprochen werden, da auf diese Weise nur ein Problem mit einem anderen vertauscht, der Teufel mit dem Belzebub ausgetrieben wird.

Dazu kommt, dass eine Inflation den Schuldenstand des Staates gar nicht senkt, sondern im Gegenteil noch weiter aufbläht.

Eine Studie der Großbank *Unicredit* kam zum Ergebnis, dass höhere Inflationsraten die Schuldenquote in Deutschland deutlich in die Höhe treiben und für griechische Verhältnisse sorgen würden. Der Schuldenstand der öffentlichen Hand könnte demnach bei Preissteigerungen in Höhe von vier Prozent bis 2030 auf mehr als 100 Prozent des Bruttoinlandsprodukts (BIP) klettern. Die Ökonomen von *Unicredit* haben verschiedene Szenarien durchgespielt, wie sich die Schuldenquote in Deutschland bei verschiedenen Inflationsraten entwickeln könnte. Würde die Inflationsrate ab 2013 auf vier Prozent klettern, dann würde ab 2015 die Schuldenquote wieder ansteigen und im Jahr 2030 die 100-Prozent-Marke durchbrechen.

Bei einer Inflationsrate in Höhe von sechs Prozent wären die Folgen noch gravierender: Die Schuldenquote würde ab 2016 Jahr für Jahr immer schneller steigen. Bereits im Jahr 2027 läge die Schuldenquote bei 101,3 Prozent. Der Grund dafür sind jeweils steigende Zinsen auf Staatsschulden.

Die *Unicredit*-Ökonomen rechnen damit, dass Investoren Zinsaufschläge vom Staat verlangen, weil es in Zeiten einer Inflation für Investoren unsicherer ist, dem Staat Geld zu leihen, da ihnen ein Wertverfall ihrer Investitionen drohe.[33]

Damit zeigt sich, dass auch eine Inflation keineswegs ein Weg ist, um das Schuldenproblem zu lösen. Viel einfacher und wirksamer wäre da ein Schuldenmoratorium, bei dem einfach die Rückzahlung der Schulden verweigert wird. Es ist erstaunlich, dass bei den heutigen Diskussionen zwar immer über eine Inflation gesprochen, jedoch das »argentinische Modell« des Schuldenmoratoriums gar nicht erst in Betracht gezogen wird. Argentinien erklärte 2002 einfach, dass es seine Schulden nur noch zu einem Bruchteil zurückzahlen werde – ein deutlich sichererer Weg für einen überschuldeten Staat, seine Verpflichtungen wirklich los zu werden. Die Geschädigten sind dann die Anleihe-Inhaber – eine sichere Entschuldung ohne jede Inflation.

Die für manchen Zeitgenossen ach so schöne Lösung des Schuldenproblems mit der Inflation, womöglich noch in der Hoffnung, dass eigene Schulden »entwertet« würden, ist nicht mehr als ein gefährlicher Irrglaube.

Ebenso ist es ein Irrglaube anzunehmen, unsere Politiker würden automatisch eine Inflation wollen und diese anstreben.

Weshalb Politiker keine Inflation herbeiführen können

> »*Einen Gescheiten kann man überzeugen,*
> *einen Dummen muss man überreden.*«
> **Curt Goetz**

Ein weiteres Argument, das momentan häufig angeführt wird, um eine angebliche Hyperinflation zu beweisen, ist die Behauptung, dass die hohen Staatsschulden nur dann abgebaut werden könnten, wenn diese hyperinflationär entwertet würden. Aus diesem Grund würden Politiker angeblich eine Inflation anstreben.

Doch wird hier wieder einmal nur die Hälfte der Wahrheit erzählt: In der Geschichte war es keineswegs immer eine Inflation, die zur Entschuldung von Staaten führte. Viel häufiger hat sich ein überschuldeter Staat einfach geweigert, seine Schulden zu zahlen bzw. die Anleihen wertlos verfallen lassen.

Ein gutes Beispiel dafür ist hier wieder Argentinien, das nach der Krise keineswegs eine Inflation anstrebte, sondern den viel einfacheren Weg wählte und den Gläubigern erklärte, dass die Schulden nicht mehr zurückgezahlt würden. Den Gläubigern wurde danach nur die Wahl gelassen, entweder eine bis zu 30 Jahre verlängerte Laufzeit der Anleihen zu akzeptieren, oder auf bis zu 90 Prozent des angelegten Kapitals zu verzichten. So wurden die Probleme durch Laufzeitverlängerung bequem in die Zukunft verschoben oder die Schuldenlast durch die 90-prozentige Streichung gleich ganz aufgehoben.

Solch eine Maßnahme stellt den viel kürzeren, problemloseren Weg zur Entschuldung von Staaten dar. Warum eine Hyperinflation, wenn es über die Erklärung der Nichtbedienung der Schulden viel einfacher geht?

Zudem erzeugt eine Inflation viel mehr politischen und wirtschaftlichen Wirbel als ein Schuldenmoratorium. Es gibt deshalb keinen Grund, warum Staaten gerade in künftigen Krisen eine Hyperinflation anstreben sollten. Sinnvoller wäre es, den einfachen Weg des Schuldenmoratoriums zu wählen.

Eng verbunden mit diesem Aspekt ist die Behauptung, die Politiker würden eine Inflation anstreben, um sich ihrer wirtschaftlichen Verantwortung zu entziehen. Da stellt sich zuerst einmal die Frage, ob Politiker überhaupt eine Inflation erzeugen können.

Der Nobelpreisträger Joseph Stiglitz hat in klaren Worte gesagt, warum dies so ohne Weiteres gar nicht möglich ist:»Inflation ist nicht unser Problem, sondern Deflation. In den USA fallen die Preise, dieses Dilemma droht uns einige Jahre zu beschäftigen. Inflationsdruck ist ein längerfristiges Problem.«

Zu der Frage, ob Staaten eine Inflation zum Schuldenabbau brauchen, erklärte der Nobelpreisträger:»Es ist nicht mehr so einfach, durch Inflation die Schulden loszuwerden. Die meisten Verbindlichkeiten sind kurzfristig. Und die Zinsen steigen mit der Inflation, womit die Schulden teurer werden. Die Sorge, die ich habe, ist eine andere: Die Zinsen steigen in Erwartung der Inflation – und dann kommt die Inflation möglicherweise gar nicht. Wir zahlen also höhere Zinsen und haben den Vorteil der Inflation – den leichteren Abbau der Schulden – nicht. Zudem werden die Staaten angesichts der steigenden Ausgaben die öffentlichen Ausgaben kürzen, womit das Wachstum zusätzlich erschwert wird.«[34]

Das bedeutet, dass der Versuch, eine Inflation hervorzurufen, eher noch größere Probleme verursacht. Denn wenn es dann doch keine Inflation gibt, belasten hohe Zinsen die Staaten noch mehr.

Auch die Hoffnung, die Notenbanken könnten eine Deflation bekämpfen, ist letztlich sinnlos, weil sie nichts dagegen ausrichten können.

Warum die Notenbanken gegen eine Deflation machtlos sind

Oftmals kommt bei einer Diskussion des Schuldenproblems die Hoffnung auf, dass die heutigen Notenbanken nicht die gleichen Fehler der 1930er-Jahre wiederholen und diesmal der Schuldenkrise entgegenwirken. Es stellt sich jedoch in diesem Zusammenhang die Frage, ob sie bei dem scheinbar mangelhaften Wissensstand überhaupt dazu in der Lage sind.

Voraussetzung dafür, dass einer Weltschuldenkrise vorübergehend entgegengewirkt werden kann, ist die Möglichkeit der Notenbanken, Kredite zur Überbrückung von Ungleichgewichten zur Verfügung zu stellen. Dies mag bei einer kleinen, beginnenden Krise noch möglich sein, doch sieht es bei einer globalen Schuldenkrise völlig anders aus.

Der weltweite Finanzmarkt wurde, angetrieben durch den Zinseszinseffekt, in einem solch unglaublichen Maße aufgebläht, dass die Devisenreserven der Notenbanken dagegen als bedeutungslos erscheinen. Täglich werden heute vier Billionen US-Dollar[35] international ausgetauscht, wovon nur ein bis zwei Prozent für Handel und Dienstleistungen verwendet werden![36] Im Vergleich dazu besitzen alle Notenbanken zusammen nur etwa 50 Prozent des Kapitals, welches täglich international zwischen den Nationen in Form von Spekulationsgeldern fließt.[37]

Im Falle einer Schuldenkrise würden die Beträge der bewegten Gelder noch um ein Vielfaches ansteigen. Selbst in dem unwahrscheinlichen Fall, dass alle Notenbanken weltweit zusammenarbeiten würden, wäre das einsetzbare Kapital nicht mehr als ein Tropfen auf den heißen Stein und könnte die Situation vielleicht gerade wenige Stunden etwas beruhigen. Je weiter nun der Schuldenballon durch den Zinseffekt aufgebläht wird, umso kleiner werden auch die einsetzbaren Devisenreserven der Notenbanken.

Mit zunehmender Zeit wird es also immer unwahrscheinlicher, dass die nächste Schuldenkrise nochmals durch die Zentralbanken abgewendet werden kann. War es bei der russischen Schuldenkrise schon fünf vor zwölf, wird eine zwangsläufig kommende, noch viel größere Krise schnell aus dem Ruder laufen. Die Hoffnung, auf Interventionen der Notenbanken zu setzen, erscheint damit als reine Illusion. Oft kommt dann die Vermutung auf, dass die Geld ausgebenden Notenbanken einer Schuldenkrise durch eine Inflation entgegenwirken könnten.

Doch könnten die Notenbanken im heutigen System überhaupt die Geldmenge erhöhen, wenn sich deflationäre Effekte zeigten? Wenn die Notenbank heute Geld in Umlauf bringen möchte, dann leiht sie dieses Privatbanken, welche gleichzeitig Wertpapiere hinterlegen müssen. Kapital kommt also nur in Umlauf, wenn es auch von den Banken nachgefragt wird. Und Kapital wird nur dann nachgefragt, wenn es an Kreditnehmer weiterverliehen werden kann.

In einer Schuldenkrise mit folgender Deflation werden allerdings keine Kredite mehr aufgenommen, weil das fallende Preisniveau jede Investition als sinnlos erscheinen lässt. Kein Kaufmann bezieht heute Güter, die er schon morgen nur noch mit reduzierten Preisen verkaufen kann. Insgesamt sinkt also die Nachfrage nach Gütern aller Art.

Aus diesem Grund fragen die Kreditinstitute bei der Notenbank auch keine Geldmittel mehr nach, was bedeutet, dass kein neugedrucktes Zahlungsmittel in diesem System mehr in Umlauf gebracht werden kann. Als Konsequenz lässt sich festhalten, dass, solange Geld nur als Kredit in Umlauf kommt, auch beim besten Willen die Geldmenge in der Deflation nicht erhöht werden kann. Die Kreditvergabe an die reale Wirtschaft ist jedoch seit einiger Zeit negativ.

Gerade die Kreditemission war nach der Finanzkrise 2009 regelrecht zusammengebrochen, denn die Kreditvergabe der Banken in den 16 Euroländern war schon im September 2009 erstmals seit Einführung der Statistik 1992 zurückgegangen.[38]

Auch im Herbst 2010 war die von vielen Fachleuten erwartete Wende in der Kreditvergabe an Unternehmen ausgeblieben. Die Europäische Zentralbank meldete, dass die Banken des Eurosystems im Juli 2010 nochmals 0,2 Prozent oder zehn Milliarden Euro weniger Kredite an die Wirtschaft vergeben hatten als im Juni. Im Vergleich zum Vorjahr fiel der Wert um 1,3 Prozent.[39]

Ohne eine zunehmende Kreditrate ist jedoch jede Notenbank machtlos und kann die Geldmenge beim besten Willen nicht mehr erhöhen.

Auch ein Ben Shalom Bernanke, Chef der amerikanischen Notenbank *Fed*, ist gegen eine Deflation machtlos. Bernanke hatte einmal in einer Rede angekündigt, er würde jede Deflation mit »Hubschraubern voll Geld« bekämpfen, und bekam danach den Spitznamen »Helikopter-Ben«. Diese Rede wird nun von allen Inflationisten als »Beweis« angeführt, dass Notenbanken eine Inflation erzeugen wollten. Ob sie es überhaupt können, das wird gar nicht hinterfragt.

Überhaupt sind alle Notenbanken der Welt auf eine strikte Inflationsbekämpfung eingeschworen (nicht jedoch auf eine Deflationsbekämpfung!). Da jedes Land gegenwärtig erhebliche Auslandsschulden hat und eine hohe Inflation parallel verläuft mit einer starken Währungsabwertung und Aufwertung der Auslandsschulden, kann sich momentan niemand eine Inflation leisten. Zudem will sich kein Politiker oder Notenbanker die Schuld dafür geben lassen, eine Hyperinflation ausgelöst zu haben, gerade weil dieses Thema in der Öffentlichkeit so heiß diskutiert und beobachtet wird. Die unbekannte Deflation ist da eine viel diskretere Möglichkeit, die Probleme auszutragen. Die Notenbank hat dann die Möglichkeit, darauf hinzuweisen, dass sie völlig unschuldig in die Misere geschlittert und ihr die Hände gebunden seien, ohne dass die Bevölkerung die Schuld bei ihr suchen würde.

Wieso Krisenrettungspakete zu keiner Inflation führen

Eng mit den Notenbanken verbunden sind die Rettungspakete der letzten Finanzkrisen. Bei näherer Betrachtung wird verständlich, warum die vielen milliardenschweren Rettungspakete in Sachen Finanzkrise 2008/2009 sowie die Eurokrise 2010 letztlich zu keiner Inflation führten.

In der Presse wurde ängstlich berichtet, dass nun »Hunderte von Milliarden in den Markt gepumpt« würden. Und das daraus eine Hyperinflation resultieren könne. Man hatte jedoch bei dieser Betrachtung vergessen zu erwähnen, dass der Großteil der Rettungspakete nur auf Bürgschaften beruhte. Die Staaten sicherten Banken, Unternehmen oder ganzen Ländern (wie Griechenland im Jahr 2010) zu, dass diese im Falle einer Verschärfung der Krise Geld erhalten würden und deren Zahlungsunfähigkeit durch Übernahme der Kredite verhindert würde. Gebürgt wird natürlich mit den Geldeinlagen der Bürger.

Ende 2008 gaben die USA bekannt, ein Rettungspaket über 800 Milliarden Dollar zu schnüren. Davon sollten allein 600 Milliarden Dollar die halbstaatlichen Immobilienfinanzierer *Fannie Mae* und *Freddie Mac* stützen. Lediglich 200 Milliarden Dollar dienten wirklichen Konjunkturmaßnahmen.[40]

In Deutschland war es noch deutlicher sichtbar, dass es hier nicht um frisches Geld, sondern zum Großteil um bloße Bürgschaften ging: Das deutsche Bundeskabinett beschloss einen Gesetzentwurf, der Kapitalspritzen und Kreditbürgschaften in Höhe von bis zu 480 Milliarden Euro vorsah. Mit bis zu 400 Milliarden Euro bürgte der Staat, ergo der Bürger, für Kredite zwischen den Banken. Nur 80 Milliarden Euro standen für die Geldinstitute direkt zur Verfügung.

Nichts anderes war das Euro-Rettungspaket im Mai 2010, in dem versprochen wurde, bis zu 750 Milliarden Euro zur Stützung von angeschlagenen Ländern zu verwenden. Diese 750 Milliarden Euro waren zum Großteil nur eine Zusage an wirtschaftlich marode Staaten für Bürgerschaften. Fälschlich wird immer wieder behauptet, dass das Geld »in den Markt gepumpt« wurde. Selbst wenn das Geld dann gebraucht wird, führt das nur dazu, dass weitere Schuldenlöcher bei den helfenden Staaten aufgerissen werden, welche unmittelbar deflationär wirken. Richtig neues Geld wird dadurch nicht emittiert.

Das bedeutet: Geld ist in den meisten Fällen gar nicht geflossen, es wurden zum Großteil nur Versprechen gemacht. Seit wann jedoch führen reine Versprechen und Bürgschaften zu einer Erhöhung der Inflationsrate oder gar in eine Hyperinflation?

Doch auch die jetzt vergebenen Bürgschaften könnten irgendwann, beispielsweise in der nächsten Krise, eingefordert werden. Allein für die verstaatlichte *Hypo-Real-Estate-Bank* wurden bisher schon 102 Milliarden Euro Staatsgarantien vergeben. Als die Bank dann im Herbst 2010 erneut dicht vor der Pleite stand, wurden nochmals 40 Milliarden Euro aufgestockt.[42]

Dazu kommen dann noch Bürgschaften für Griechenland: Von diesen 440 Milliarden Euro gehen 123 Milliarden Euro allein zulasten Deutschlands entsprechend dem deutschen Anteil von 28 Prozent an der EZB. Wenn andere Bürgen ausfallen, kann sich diese deutsche Bürgschaft auf 148 Milliarden Euro erhöhen.

So stehen schon allein für Griechenland und die HRE-Bank fast 300 Milliarden Euro Bürgschaften im Raum, zu denen noch unzählige andere kommen.

Das heißt, dass Deutschland, sobald diese Staatsgarantien wirklich eingefordert werden, sofort bankrott ist. Das jedoch würde eine unmittelbare Deflation bedeuten.

Selbst in den Fällen, in denen wirklich Gelder zur Unterstützung der Konjunktur flossen, konnten diese gar nicht inflationär wirken, da sie durch eine steigende Staatsverschuldung finanziert wurden. Es wurde dadurch kein zusätzliches Geld emittiert, sondern es wurde durch das Aufreißen eines Kreditloches ein anderes Loch in der Wirtschaft gestopft. Letztlich war es ein Nullsummenspiel ohne Auswirkung auf die Inflationsrate. Nicht umsonst sank das Geldmengenwachstum nach den Krisen wieder sehr schnell.

Und auch das Aufkaufen von minderwertigen Anleihen durch Notenbanken, das die USA in der Finanzkrise und die Europäische Zentralbank (EZB) seit der Eurokrise praktizierten, hat nichts mit Inflation zu tun. Selbst wenn die Notenbank Anleihen aufkauft, besteht immer noch das Problem, wie neues Geld in Umlauf kommen soll. Wenn Geschäftsbanken immer weniger Geld von den Notenbanken abrufen, weil sie zunehmend weniger Kredite vergeben, dann kommt dieses Geld nie dorthin, wo es gebraucht wird, nämlich zum Verbraucher. So wird abermals nur ein Loch gestopft, indem man ein neues aufreißt – eine richtige Inflation kann so nie in Gang kommen.

Trotz allem wurden gerade die Rettungspakete von Medien aller Art dazu missbraucht, um eine Hyperinflation an die Wand zu malen und die Anleger auf eine völlig falsche Fährte zu schicken. Dazu passt auch die Behauptung der Inflationisten, dass die Mächtigen und Superreichen auf der Welt eine Inflation wollten und alles tun würden, um eine solche auszulösen.

Weshalb die Mächtigen Deflation wollen und Inflation propagieren

Wer sagt denn eigentlich, was die Politiker, die Mächtigen und Superreichen wirklich wollen? Die fast schon ideologisch klingende Aussage »Politiker und Superreiche wollen Inflation« ist nur eine Behauptung ohne jeden Beleg. Denn die Hochfinanz und ihre Handlanger wären doch dumm, wenn sie eine Inflation initiierten, sich damit ihr eigenes Vermögen entwerten und gleichzeitig sowohl Staaten wie auch Unternehmen und private Haushalte aus der Schuldenfalle befreien würden. Was immer wieder gerne verschwiegen wird, ist doch die Tatsache, dass es eben nicht nur Vermögen gibt, deren Besitzer durch eine Hyperinflation geschädigt würden, sondern dass jedem Euro Vermögen auch ein Euro Schulden gegenübersteht. Gerade die Schuldner würden jedoch massiv durch eine Hyperinflation gewinnen, indem sie schuldenfrei werden.

Niemand hat ein Interesse daran, die breite Masse aus der Schuldenfalle zu befreien, in die man sie jahrzehntelang hineingetrieben hat. Im Gegenteil! Man treibt diese noch weiter in den Schuldensumpf, indem man ihnen täglich durch die Inflationspropaganda rät, sich weiter zu verschulden.

Ein Beispiel dafür liefert der ehemalige Präsident des Bundesverbandes Deutsche Industrie (BDI), Hans Olaf Henkel, in einem Interview Ende 2009:

Frage: »Zurück zu Ihrem Buch. Sie schreiben, dass die enormen Geldmengen, die um den Globus kreisen, eine massive Inflation hervorrufen könnten. Und dass Sie sich auf eine ganz spezielle Art vorbereiten wollen.«

Henkel: »In der Tat. Ich habe mir überlegt, wer von einer Inflation profitiert. Antwort: erstens Schuldner, zweitens Menschen, die Sachwerte besitzen. Zu beiden Gruppen will ich gleichzeitig gehören. Ich werde mich maximal verschulden, übrigens zum ersten Mal in meinem Leben, und ein Mietshaus kaufen.«[43]

Gerade dann, wenn die Wirtschaft in eine Deflation abzurutschen droht, sollen sich also die Menschen noch weiter verschulden? Als ob jemals die reiche Obrigkeit ein Interesse daran gehabt hätte, dass der kleine Häuslebauer bequem zu einem Haus kommt und seine Schulden sich in Luft auflösen. Für reiche Leute ist es viel lukrativer, die Menschen durch gezielt falsche Inflationspropaganda in die verkehrte Richtung zu lenken, um dann in der Deflation deren Realgüter billigst durch das deflationär aufgewertete Geld aufkaufen zu können.

Ja, es ist sogar noch schlimmer: Noch nie sind die Menschen vor einer wirklichen Inflation vorgewarnt worden, und es gibt keinerlei Grund, warum das gerade heutzutage gemacht werden sollte. Vor allem verliert eine Inflation ihre Wirkung, Vermögen von unten nach oben umzuverteilen, wenn sie angekündigt wird und sich die potenziellen Opfer darauf vorbereiten können. Sinn ergibt es allerdings, den Menschen mit breiter Propaganda Angst vor einer (nicht kommenden) Hyperinflation zu machen, um sie dann auf dem falschen Fuß stehend mit einer Deflation zu treffen.

Je mehr also heute von Inflation gesprochen und vor dieser gewarnt wird, umso wahrscheinlicher wird die Deflation.

Warum eine Krise zur Deflation führen muss

Noch schlimmer sieht es aus, wenn die Schuldenblase platzt und ein richtiger Crash kommt. Jeder Crash hat bisher zu einer Deflation oder deflationären Tendenzen geführt. Das lässt sich einfach erklären. Stellen Sie sich vor, dass es über Nacht zu einem Aktiencrash an den Weltbörsen kommt. Was wird passieren? Banken kommen ins Trudeln, am nächsten Tag zieht eine wachsende Zahl Investoren Geld von allen möglichen Anlageformen ab. Die Bargeldabhebungen nehmen zu, aus Angst, schon bald könnten die ersten Banken die Schalter schließen.

Niemals kann durch solch ein Ereignis eine Inflation entstehen. Niemand gibt sein Geld aus Furcht, dass dieses morgen schon wertlos sein könnte, auf einen Schlag für unsinnigen Konsum aus. Immer kommt es nach einem Crash zum Gegenteil: Die Menschen sind durch den Crash verunsichert und reagieren mit »Angstsparen«. Das bedeutet, dass nicht unbedingt nötiger Konsum zurückgestellt wird. Die Befürchtung, durch die Krise arbeitslos zu werden und damit kein Einkommen mehr zu haben, ist zu groß.

Alle großen Krisen zeigen genau diesen Verlauf. Egal ob die Weltwirtschaftskrise der 1930er-Jahre, die Asienkrise, die Russlandkrise, die Argentinienkrise oder die Bankenkrise von 2008/2009 – ausnahmslos sind immer Konsum und damit die Umsätze der Unternehmen massiv eingebrochen.

In der Bankenkrise 2008/2009 kam es im Vergleich zum Jahr 2007 bei den Unternehmen zu Umsatzeinbrüchen von durchschnittlich zehn Prozent. Nicht umsonst kamen damals der Autobauer Opel und die Kaufhauskette Karstadt in Bedrängnis. Es kam zu einem deutlichen Preisverfall und einer Deflation: So ging z. B. der Preisverfall bei Flachbildfernsehern so weit, dass einige Geräte um bis zu zwei Drittel preiswerter als im ersten Quartal verkauft wurden.[44]

Doch wenn der Konsum bei jeder Krise einbricht und die Menschen mit »Angstsparen« reagieren, wie soll daraus die von Politik und Medien beschworene Inflation oder gar Hyperinflation entstehen?

Dazu kommt, dass, je stärker der Zinseszinsmechanismus wirkt, umso größer die Krisengefahr wird. Je mehr Staaten, Unternehmen und Privatpersonen überschuldet sind, desto näher kommt der Bankrott. Wenn das große Ausmaße angenommen hat, kommt es zur Deflation.

Ein nicht mehr kaschierbarer Ausfall eines großen Schuldners zieht weltweit sofort eine ganze Kette von weiteren Bankrotten nach sich, weil den großen Gläubigern und Banken dann schnell klar ist, dass, wenn nur einmal ein Kreditrettungsprogramm versagt, es auch in Zukunft versagen muss. In dem Fall werden ab sofort keine Kredite mehr vergeben, und wenn, dann nur noch gegen sehr hohe Zinsen.

Weil in solch einer Situation für den Gläubiger eine sehr unsichere Lage entstanden ist, wird jeder versuchen, zu retten, was zu retten ist. Banken werden im weiteren Verlauf Kredite kündigen, um die Risiken zu minimieren. Schuldner werden zunehmend mit immer höheren Zinsen konfrontiert, weil der Gläubiger das gestiegene Verlustrisiko mit einem Risikozuschlag zum Zins ausgleichen möchte. Durch dieses Vorgehen geraten immer mehr Schuldner in die Klemme: Es fehlen weitere

Kredite, um alte Schulden zu bedienen, und zusätzlich steigen die Zinslasten, welche so schnell nicht mehr aufgebracht werden können. Es kommt also zu einem Teufelskreislauf aus Kreditrückzug, steigenden Zinsen und Schuldenbankrotten. Die Schuldenkrise nimmt dabei immer größere Ausmaße an, was die Gläubiger mit weiteren Krediteinschränkungen und noch höheren Zinsen beantworten und was der Abwärtsentwicklung neuen Schub verleiht. Die Löcher im Schuldensystem werden dabei immer größer, bis der Schuldenballon platzt.

Weil weltweit Kredite gestrichen sowie Investitionen eingeschränkt werden und sich überhaupt jedes Geld vom Markt zurückzieht, entsteht plötzlich überall ein Kapitalproblem. Insgesamt entsteht die Neigung, Geld weder zu verleihen, noch auszugeben, sondern möglichst die »Schäfchen im Trockenen« zu halten.

Die Unternehmen kommen in dieser Situation zunehmend in Schwierigkeiten, denn zum einen werden sie von Kreditkürzungen und steigenden Zinsen getroffen, zum anderen von einem sinkenden Umsatz, weil die Kunden immer weniger kaufen. Zwangsläufig brechen in dieser Phase zuerst die kapitalintensiven, hochverschuldeten, später auch die anderen Betriebe zusammen. Sie müssen Konkurs anmelden.

Damit verbunden ist eine steigende Arbeitslosigkeit, was wiederum zu einem Kaufkraftverlust in der Bevölkerung führt. Weil die Leute jedoch immer weniger Geld verdienen, müssen sie den Konsum weiter einschränken, was wiederum sinkende Unternehmensumsätze zur Folge hat. Es entsteht eine sich selbst beschleunigende Abwärtsspirale aus Unternehmenszusammenbrüchen, Massenarbeitslosigkeit, sinkender Kaufkraft, weiter einbrechenden Umsätzen der Firmen und entsprechenden Konkursen.

Wie eine Krise und steigende Schulden zu einer deflationären Entwicklung führen, dafür ist Irland ein gutes Beispiel. Mit der Finanzkrise 2008/2009 geriet das Land in eine schwere Wirtschaftskrise. Bereits Ende 2010 musste die Regierung in Dublin weitere 34 Milliarden Euro in marode Großbanken pumpen, um diese vor dem Bankrott zu bewahren. Damit wurde die Neuverschuldung auf fast ein Drittel der Wirtschaftsleistung getrieben.

Die Folgen dieser Entwicklung sind klar sichtbar: Die Banken reagieren mit einer Kreditklemme, das heißt, sie vergeben kaum noch
Kredite an Unternehmen. Dazu kommt eine fallende Massenkaufkraft, und es verwundert wenig, wenn ein Unternehmer die deflationäre Entwicklung folgendermaßen beschreibt:»In der gesamten Wirtschaft bewegt sich nichts mehr. Und ich spüre deutlich, dass das Geld
bei den Leuten nicht mehr locker sitzt. Sie achten auf jeden Pfennig.
Ich weiß auch nicht, was die Zukunft bringt.«[45]

Im weiteren Verlauf nimmt die Krise noch drastischere Formen an:
Weil zunehmend Schuldner wie Unternehmen und Privathaushalte
zahlungsunfähig werden, kommen die Kredit vergebenden Banken in
Schwierigkeiten. Zum einen steigt die Auflösung von Guthaben, weil
jeder Sparer in dieser Situation möglichst sein Geld von der Bank ab-
hebt. Zum anderen können immer mehr Schuldner die Kredite nicht
mehr zurückzahlen.

Fatal wird in dieser Lage für die Banken, dass sie kurzfristig angelegte
Guthaben dafür verwendet haben, langfristige Kredite zu vergeben.
Die Bankeinlagen schmelzen dabei schneller dahin, als Kredite wieder
eingetrieben werden können. Eine Welle von Bankzusammenbrüchen
ist die unmittelbare Folge. Damit verlieren viele Sparer ihr Vermögen
und sind zu weiteren Konsumeinschränkungen gezwungen, was die
Unternehmen über einen Umsatzrückgang weiter unter Druck setzt.

Hinzu kommt, dass der Staat durch die entstandene Massenarbeitslosigkeit überfordert ist und deshalb Arbeitslosenhilfen einschränkt,
was wiederum auf die Kaufkraft der Bevölkerung und letztlich auf die
Unternehmen durchschlägt. Zusätzlich gehen die Steuereinnahmen
für den Staat zurück, weil kaum noch gearbeitet und produziert wird.
Letztlich können dann auch die Staatsschulden nicht mehr bezahlt
werden. Der Bankrott ist die unmittelbare Folge davon. Das Ganze ist
wiederum mit einem Vermögensverlust der Bevölkerung verbunden,
welche ihr Geld in vermeintlich sicheren Staatsanleihen und Bundesschatzbriefen angelegt hat.

Da verwundert es auch wenig, wenn Staaten im Vorfeld einer Deflation schon einmal vorbauen und sich den erstrangigen Zugriff auf in-
solventes Firmenvermögen sichern. Staatliche Gläubiger sollen bei

Firmeninsolvenzen beispielsweise künftig bevorzugt werden. Schon im Sommer 2010 planten sowohl das Bundesfinanzministerium (BMF) als auch das Bundesministerium für Arbeit und Soziales (BMAS) eine entsprechende Änderung im Insolvenzrecht. Im sogenannten Haushaltsbegleitgesetz soll festgeschrieben werden, dass sich die Sozialversicherungsträger, die Bundesagentur für Arbeit und die Finanzämter künftig vor allen anderen Gläubigern am verbliebenen Vermögen von Pleitefirmen bedienen können. Für private Gläubiger wie zum Beispiel Handwerker bliebe dann praktisch nichts mehr übrig, was wiederum die Deflation verstärkt, da dann auch diese im Kreislauf fehlen.[46]

Wieso der Goldpreis kein Inflationsindikator ist

Häufig wird der gestiegene Goldpreis als scheinbarer Beweis für eine Inflation herangezogen. Leider wird dabei meist nur ein Zeitraum von wenigen Jahren berücksichtigt. Und es wird verschwiegen, dass Gold überhaupt erst seit zehn Jahren im Preis steigt und davor 20 Jahre lang nur gefallen ist, und das völlig unabhängig von der Inflation.

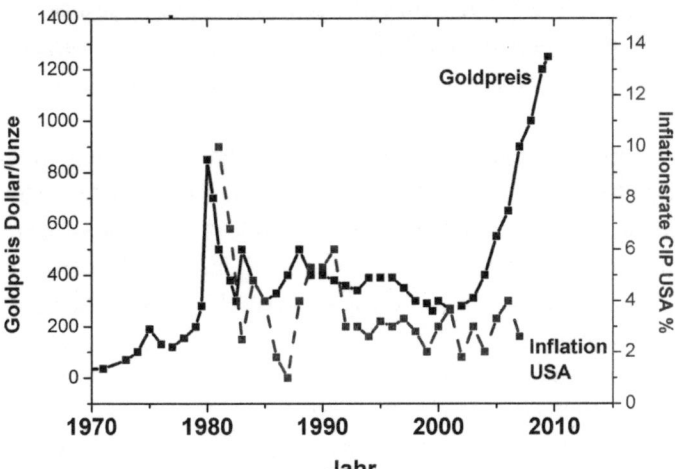

Abb. 9: Keine Korrelation zwischen Goldpreis und Inflation

Wie anhand von Abb. 9 zu erkennen ist, besteht zwischen dem Goldpreis und der Inflation keinerlei Zusammenhang. Es war sogar so, dass in Zeiten hoher Inflationsraten, wie beispielsweise zur Deutschen Einheit, der Goldpreis weiter gefallen ist, sich also entgegen der Inflationsrate entwickelt hat.

Die Aussage, der Goldpreis zeige eine Inflation an, stimmt demnach nicht. Vielmehr ist Gold, nachdem die Goldbindung an das Geld gefallen ist, nur noch ein Metall, das den normalen Preisschwankungen unterworfen ist. Der steigende Goldpreis ist heute eher ein Angstindikator und ein Gradmesser dafür, wie weit verbreitet die irrationale Inflationspropaganda mittlerweile in der Bevölkerung ist.

Nur durch die massive Propagierung von Gold zur scheinbaren »Krisenrettung« wurde der Goldpreis in den vergangenen Jahren nach oben getrieben, und das bei permanent fallender Inflationsrate. Wie wir noch sehen werden, handelt es sich hier auch nur wieder um eine Spekulationsblase.

Warum es keine kurzfristige Währungsreform geben wird

Verbunden mit der allgemein propagierten Inflationsangst ist auch die Behauptung, es werde innerhalb kürzester Zeit eine Währungsreform geben. Im Internet kursieren stark frequentierte Seiten, welche schon seit 2004 vor einer Hyperinflation und seit April 2010 vor einer angeblich unmittelbar bevorstehenden Währungsreform warnen. Mehrfach wurden dort schon feste Datumsangaben veröffentlicht, welche den Zulauf zu solchen Seiten (und damit deren Profite) noch weiter ankurbelten. Die prophezeiten Daten stellten sich jedoch allesamt als falsch heraus, was dem Zulauf zu solchen Internetseiten kurioserweise keinen Abbruch tat.

Betrachtet man die Sache logisch, dann ergibt eine Währungsreform unmittelbar nach einem Crash überhaupt keinen Sinn. Währungsschnitte kamen immer erst dann, wenn die Währung schon völlig zerrüttet war, wenn lieber mit Zigaretten bezahlt wurde als mit Geldscheinen. Nach einem Crash geschieht – wie wir gesehen haben –

das genaue Gegenteil davon. Durch den Ausfall von immer mehr Schuldnern entsteht ein zunehmend größerer Bedarf an Geld. Geld wird deflationär aufgewertet.

Noch nie hat es in der Geschichte eine sofortige Währungsreform direkt nach einem Crash oder einer Finanzkrise gegeben. Geradezu naiv ist es auch, anzunehmen, eine geplante Währungsreform würde im Internet breitflächig angekündigt werden, noch dazu mit festen Datumsangaben. Solche Meldungen dienen ausschließlich dazu, die Menschen in die falsche Richtung zu lenken und um an der geschürten irrationalen Inflations- und Währungsreformangst kräftig verdienen zu können.

Ein Hauptgrund für das falsche Verständnis von Inflation und Deflation ist die heute vorherrschende Geldmengentheorie, welche bei näherer Betrachtung überhaupt nicht mit der Realität übereinstimmt.

Weshalb die heutige Geldmengentheorie falsch ist

»Der Vontobel-Chefstratege (Thomas Steinemann von der Schweizer Bank Vontobel; d. Verf.) sieht praktisch keinen Zusammenhang zwischen Geldmengenentwicklung und Inflation.›Wesentlich stärker als von der Geldmenge hängt die Inflation von der Kapazitätsauslastung der Wirtschaft ab‹, erklärt Steinemann. Diese liegt in Europa aber nur bei knapp über 60 Prozent. Bei einem derart hohen Prozentsatz an freien Kapazitäten könne von einem Nachfrageüberschuss jedoch keine Rede sein. Da eine Geldentwertung jedoch unter anderem einen Nachfrageüberschuss voraussetzt, hält der Vontobel-Chefstratege eine Hyperinflation für unwahrscheinlich«.

investment.com, 19.05.2009

Ein Grund dafür, weshalb die Inflation heute so in den Vordergrund gerückt wird und warum so viele Menschen (auch Experten) dem Trugschluss erliegen, nur Inflation könne eine Gefahr darstellen, ist die augenblicklich herrschende Geldmengentheorie. Diese Theorie besagt, dass eine steigende Geldmenge automatisch zu einer Inflation führen müsse.

Doch diese Theorie hat einige Fehler. Unberücksichtigt bleibt, dass Geld nur dann inflationär wirken kann, wenn es auch wirklich in Umlauf kommt. Geld, das gedruckt wird und sofort im Tresor verschwindet, weil die Anleger Angst vor der Zukunft haben, hat keinen inflationären Einfluss. Genauso wenig bewirkt neu ausgegebenes Geld eine Inflation, wenn es nur zwischen den Banken benutzt wird und nicht beim Verbraucher direkt ankommt, welcher mit steigenden Käufen die Preise nach oben treibt. Die ganzen Rettungspakete von 2008/2009 etwa erhöhten nur den Geldumlauf zwischen den Banken – beim Verbraucher ist davon kein Euro angekommen.

Noch verhängnisvoller an der Geldmengentheorie ist, dass nicht klar unterschieden wird, was überhaupt »Geld« oder nur ein Geldversprechen ist. So wird alles in einen Topf geworfen und als »steigende Geldmenge« bezeichnet, selbst wenn es nur reine Buchforderungen sind, die keinerlei inflationäre Wirkung entfalten können.

Unter Buchgeld versteht man Geld, welches zwar in den Banken »gebucht« wird, aber nicht in Form von Münzen oder Geldscheinen physisch vorliegt.

Im Bundesbankgesetz ist ganz klar geregelt, dass nur Banknoten und Münzen als »gesetzliches Zahlungsmittel« gelten, für die auch ein Annahmezwang besteht. Der Fehler bei der Geldmengentheorie ist, alles als »Geld« anzusehen, was ein Währungszeichen besitzt. Doch ist Buchgeld eben kein Geld, sondern nur eine Forderung auf Geld, die man nicht automatisch mit dem »gesetzlichen Zahlungsmittel« gleichsetzen kann.

Wäre Buchgeld gleichbedeutend mit Bargeld, dann müsste man konsequenterweise alles mit »Geld« gleichsetzen, was in einer Währung ausgedrückt wird, also auch Wettversprechen, Zahlungszusagen und auch Erbschaften, bei denen irgendwann einmal Geld fließen wird.

Doch das alles sind eben nur Versprechen auf Geld, aber kein richtiges Geld. Die Frage, was wirklich die Inflationsrate beeinflusst, ob Bargeld oder Buchgeld, wurde bereits Ende der 1970er-Jahre eindeutig geklärt: Einen Beweis dafür, dass tatsächlich nur die Bargeldmenge entscheidend dafür ist, die Preisentwicklung und damit die Wirtschaft zu stabilisieren, lieferte das Ergebnis einer empirischen Studie der Gesamthochschule Siegen. Darin wurde die Entwicklung der Bargeld-

menge, der Sichtguthaben und der Preisentwicklung untersucht. Ergebnis war, dass sich eine große Korrelation zwischen Bargeldvolumen
und Preisentwicklung zeigen ließ, doch die Größe der Sichtguthaben
praktisch keinerlei Auswirkung auf die Preise hatte.[47]

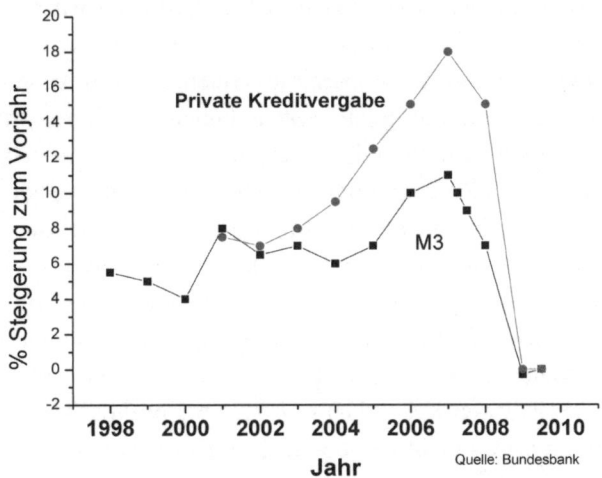

Abb. 10: Änderung der Geldmenge M3 und privaten Kreditvergabe in Europa

Bei der aktuellen Geldmengentheorie wird jedoch meist die Geldmenge
M3 als Bezugsgröße zum Bruttoinlandsprodukt (BIP) benutzt, um Infla-
tionsprognosen zu erstellen. Hier fangen jedoch die Probleme schon an.
In der Geldmenge M3 sind nicht nur richtiges Geld wie Zentralbankgeld
und Bargeld vertreten, sondern auch Sichtguthaben, Einlagen mit einer
vereinbarten Laufzeit von bis zu zwei Jahren und Einlagen mit einer gesetzlichen Kündigungsfrist von bis zu drei Monaten sowie Anteile an
Geldmarktfonds, Repoverbindlichkeiten, Geldmarktpapieren und Bank-
schuldverschreibungen mit einer Laufzeit von bis zu zwei Jahren.

Es werden also eine Menge Geldforderungen zu einer scheinbaren
»Geldmenge« zusammengezählt, die zwar in Geld berechnet wird,
aber nicht direkt Geld darstellt. Mit einer Bankschuldverschreibung
kann niemand direkt bezahlen, denn er muss dieses Geldprodukt erst
gegen richtiges Geld verkaufen, um damit etwas erwerben zu können.

Es ist kein Wunder, dass alle Preisprognosen, die auf der Geldmenge M3 basieren – also nahezu alle heutigen Inflationstheorien – meist falsch sind, da es einfach keine Korrelation zwischen Geldforderungen und Inflationsrate gibt.

Dass diese Geldmengentheorie falsch ist, zeigt sich ebenso daran, dass das Wachstum der M3-Geldmenge im Jahr 2008 einen Rekordwert von fast zwölf Prozent im Euroraum erreichte. Doch weder damals noch heute sind auch nur im Geringsten davon ausgehende inflationäre Folgen zu erkennen, denn die Inflationsrate verharrt auf einem Rekordtief von einem Prozent. Ebenso stieg die M3-Geldmenge in Japan 1990 stark an, doch dieser Steigerung folgte keine Inflation, sondern ein Crash mit einer bis heute anhaltenden Dauerdeflation.

Wie soll es hier eine baldige Hyperinflation geben, wenn im Jahr 2010 sogar diese nichtssagende Buchgeldmenge geschrumpft ist? Noch deutlicher wird es, wenn man die Kreditvergabe ansieht. Der Zuwachs der privaten Kredite ist seit 2009 bei praktisch null Prozent angelangt. Da neues Geld heute jedoch nur in Form von Krediten in Umlauf kommen kann, bedeutet dies, dass die Notenbank kein neues Geld mehr emittieren kann.

Noch abenteuerlicher wird es, wenn gegenwärtig manche Inflationsvertreter die angeblich »wahre Inflation« dadurch berechnen, indem sie von der nichtssagenden Geldmenge M3 das aktuelle Wirtschaftswachstum abziehen. Steigt die M3-Geldmenge im Jahr um zehn Prozent und liegt das Wachstum bei zwei Prozent, dann behaupten die Verfechter einer solchen These, dass die »wahre Inflation« bei acht Prozent liege. Sie berücksichtigen dabei nicht, dass die M3-Geldmenge zum einen nur teilweise wirkliches, inflationstreibendes Geld darstellt und dass zum anderen niemand sagen kann, wie viel von diesem Geld überhaupt sofort und zu welchem Teil in Umlauf kommt. Mithilfe der Geldmenge M3 kann man keinerlei Aussage darüber treffen, welche Inflation zu erwarten ist und schon gar nicht, welche Inflation momentan vorherrscht.

Wie unsinnig diese M3-Geldmengenbetrachtungen sind, zeigt auch folgendes Beispiel: Wenn wir uns gegenseitig ständig hohe Geldbeträge hin und her überweisen, ohne dass damit reale Käufe getätigt werden, erhöht das lediglich die M3-Geldmenge, ohne dass damit irgendwelche inflationären Effekte verbunden sind.

Die M3-Geldmenge sagt nur etwas aus über die Zahlungsgewohnheiten im Währungsgebiet. Es ist nämlich die Frage, ob in der Konsequenz mehr Zahlungen durch Überweisung oder bar erledigt werden. Es gibt jedoch davon ableitend überhaupt keine Aussage über die für die Preise wichtige, tatsächlich umlaufende Geldmenge.

Die M3-Geldmenge erhöht sich auch dann, wenn vermehrt Ausländer aus dem nichteuropäischen Raum europäische Wertpapiere kaufen, denn dabei werden inländische Wertpapiere gegen ausländisches Geld getauscht, und M3 steigt.

Wenn jedoch Europäer diese kaufen, erhöht das die Geldmenge nicht, denn statistisch wandert der Kaufpreis nur von einer Hand zur anderen. So haben in den krisenhaften Börsenzeiten von 2001 bis Mitte 2003 Europäer eher Wertpapiere verkauft und ihre Geldhaltung gesteigert, was M3 insoweit erhöhte, als dass diese Papiere oftmals von Ausländern erworben wurden.[48] In Krisenzeiten wird damit künstlich die M3-Geldmenge aufgestockt, was den Anhängern der Geldmengentheorie eine »Inflation« vorgaukelt, wo gar keine ist.

Einige gute Argumente gegen die Geldmengentheorie stammen von Professor Steve Keen von der *University of Western Sydney*. Er zweifelt dabei an den Argumenten der Österreichischen Schule, die aus großen Geldmengen eine inflationäre Entwicklung ableitet.

Keen sagt:»Ich fürchte, sie verstehen den Geldschöpfungsprozess und die Entwicklung inflationärer Impulse nicht richtig. Sie unterschätzen die enormen Mengen an Geld, die geschaffen werden müssten, um zu einer Inflation zu führen. In den Vereinigten Staaten betragen die Schulden des Privatsektors rund 42 Billionen Dollar. Um für Inflation zu sorgen, müsste die Zentralbank mindestens weitere 25 Billionen Dollar direkt in Umlauf bringen. Stattdessen hat sie nur eine Billion gedruckt – in der Erwartung, der Geldmultiplikator würde den Betrag verzehnfachen. Das aber würde voraussetzen, der amerikanische Privatsektor wollte neun Billionen Dollar neue Schulden aufnehmen. Aber das ist unrealistisch. Im Moment will keiner Kredite vergeben und keiner aufnehmen, der Mechanismus kann also nicht funktionieren.«

In einer solchen Schuldenkrise kann seiner Meinung nach nur eine Deflation entstehen:»Erstens ist die Arbeitslosigkeit hoch und die Arbeitnehmer müssen Lohneinbußen hinnehmen. Zweitens wollen die Unternehmen bei fallender Nachfrage Marktanteile halten, indem sie Preise senken. Das führt zusammen zu einer deflationären Spirale, unabhängig davon, was auf monetärer Ebene passiert.«[49] Geradezu grotesk wird es, wenn da – wie heute üblich – von einer Geldschöpfung der Geschäftsbanken gesprochen wird.

Das Geldschöpfungsmärchen

»Es kann an sich kaum bezweifelt werden, dass das Banksystem insgesamt keine größere Geldmenge schaffen kann, als mit der von der Zentralbank geschaffenen Zentralbankgeldmenge vereinbar ist.«

Deutsche Bundesbank, Juli 1971

Der Geldschöpfungstheorie liegt, ähnlich der Geldmengentheorie, die Behauptung zugrunde, dass alles Geld sei, was in einer Währung bemessen wird. Dass es keine Rolle spielt, ob man Bargeld, ein Sparbuch oder eine Schuldverschreibung in den Händen hält.

Das führt zu Behauptungen, wie sie z. B. der Wirtschaftssoziologe Joseph Huber in einem Interview äußerte. Er erklärte, dass neues Geld entsteht, wenn ein Bankkunde sein Konto überzieht. Die Geldschöpfung wird – mit anderen Worten – nicht von Regierungen oder Zentralbanken kontrolliert, sondern sie liegt in den Händen der privaten Banken.[50]

Bei solchen Betrachtungen wird nicht unterschieden, was Geld ist und was nur eine Forderung auf Geld ist. Hier werden reine Buchwerte in den Bilanzen der Banken mit Geld gleichgesetzt. Überzieht jemand sein Konto, dann entsteht kein Geld, sondern eine Geldforderung der Bank an den Kunden. Ansonsten könnte man jede Finanzkrise dadurch lösen, indem die Bürger dazu aufgefordert würden, ihre Konten zu überziehen, um neues Geld zu schaffen. Hier wird wiederum deutlich, wie widersinnig und realitätsfremd solche gegenwärtig in der

Wirtschaftswissenschaft vertretenen Lehren sind.

Da die Buchwerte bei den Banken allein durch den Zinseszins immer größer werden, verwundert es nicht, dass die Vertreter solcher
Lehren dann irrtümlich an eine »zwangsläufige Inflation« glauben.

Verknüpft mit der Geldschöpfungstheorie ist das von der Goldlobby so
genannte »Fiat Money«. Darunter versteht man Geld, welches angeblich »aus dem Nichts« bei den Geschäftsbanken geschaffen wird. Wenn
sozusagen jemand einen Kredit bei seiner Bank beantragt, dann – so
die Vorstellung – erscheint dieses Geld per Computerklick, völlig ohne
Deckung oder Einlagen, auf seinem Konto.

Doch schon eine einfache Überlegung macht diese abenteuerlichen
Vorstellungen schnellstens zunichte. Warum mussten einige vor dem
Bankrott stehende Banken in der Bankenkrise 2008 staatliche Hilfe
beantragen, wenn sie doch nach den Vorstellungen der »Fiat-Money«-
Anhänger dieses »auf Knopfdruck«, unabhängig von den Einlagen,
selbst »schöpfen« können?

Hier werden reine Buchungsbeträge mit Geld verwechselt. Nur weil
eine Bank in ihrer Buchführung verschiedene Buchungskonten anlegt,
heißt das noch lange nicht, dass diese auch wirklich für Käufe verwendet werden könnten. Genauso ist ein Geschäftsmann nicht automatisch
Millionär, nur weil in seiner Buchführung Millionenbeträge auftau-
chen. Auch ein Privatmann ist noch lange nicht reich, nur weil er »auf
Knopfdruck« Millionensummen auf seinen Computer zaubern kann.

Wenn nach den Vorstellungen der Geldschöpfungstheorie Banken
keine Einlagen mehr brauchen, dann stellt sich die Frage, warum gerade um die Einleger ein solcher Wettbewerb stattfindet?

Warum werben dann Banken so intensiv, um Sparer zu finden, die
ihr Geld bei der Bank anlegen? Nach dieser Theorie ist das doch angeblich gar nicht nötig, denn die Bank selbst kann »per Knopfdruck«
jede beliebige Summe Geld »schöpfen«.

Sieht man sich die Realität an, dann gibt es jedoch keine einzige Geschäftsbank, aus der mehr Geld in Form von Krediten fließt, als in
diese Einlagen von Kunden hineinfließen. Dies müsste aber der Fall
sein, wenn die Geldschöpfungstheorie stimmt.

Zwei Zahlen von zwei verschiedenen Banken aus der Praxis zeigen das ganz deutlich:

Bank 1:

Ausgegebene Kredite und Darlehen:	4,54 Mrd. Euro
Kundeneinlagen:	4,95 Mrd. Euro

Bank 2:

Ausgegebene Kredite und Darlehen:	444 Mio. Euro
Kundeneinlagen:	501 Mio. Euro

In jedem Fall sind die Kundeneinlagen deutlich höher als die Summe der ausgegebenen Kredite. Würde es dort eine »Geldschöpfung« geben, dann müssten die ausgegebenen Kredite um ein Vielfaches größer sein als die Einlagen der Kunden.

Der Finanzanalytiker Helmut Creutz hat den Widersinn dieses Geldschöpfungsmärchens ebenfalls gut erörtert:

»In den meisten Lehrbüchern wird der Vorgang jedoch so dargestellt, als ob die Banken auch ohne Einlagen der Sparer bzw. darüber hinaus Kredite schöpfen könnten. Ja, in vielen Beschreibungen sind diese Einlagen gar nicht existent. Sie sehen immer nur den ›Bankausgang‹, aus dem laufend neue und immer größere Kredite herauskommen, ohne den ›Bankeingang‹ zu beachten, in den die Sparer ihre Überschüsse einbringen ...«

Gibt es Beweise für die Geld- oder Kreditschöpfung?

Wer die jährlichen Ergebnisse örtlicher Banken überprüft, wird fast immer feststellen, dass die Einlagen der Kunden die Kreditgewährungen übersteigen.

Den »Beweis« für die »Geldschöpfung« der Banken kann man also wieder nur in Lehrbüchern entdecken, ungeprüft weitergegeben von Ausgabe zu Ausgabe. Ähnlich wie vor einigen Jahrzehnten die Theorie von der notwendigen Golddeckung für alle Währungen noch in den Lehrbüchern zu finden war, als die Praxis längst ohne sie funktionierte. Der Geldschöpfungsbeweis ist sogar in mathematische Formeln gekleidet, was einer Theorie offensichtlich auch dann das nötige Gewicht verleiht, wenn sie in der Wirklichkeit keine Bestätigung findet.

Der Irrtum der Geldschöpfungstheorie ist sicher nicht zuletzt auf den Tatbestand zurückzuführen, dass man alle Guthaben- und Kreditbestände immer noch als Geld ansieht. Dabei handelt es sich bei diesen Beständen in Wirklichkeit nur um Buchungsposten.

Helmut Creutz schreibt: »Wer den Vorgängen im Bankenbereich genauer nachgeht, wird nicht nur vergeblich nach Beweisen für die Geldschöpfung fahnden, sondern ebenso erfolglos nach Indizien. Wohl aber sprechen Dutzende von Indizien für das Gegenteil.«[50]

Wenn schon bei den grundlegenden Fragen, was Geld ist und wie es entsteht, so geschlampt wird, Fehler blind und ohne Überprüfung der Fakten von Lehrbuch zu Lehrbuch übernommen werden, verwundert es nicht, dass mit diesen Büchern groß gewordene »Experten« meist keine fundierte Aussage zum Thema Inflation/Deflation machen können.

Leider unterliegt auch die Deutsche Bundesbank diesem Geldschöpfungsirrtum und übernimmt hier ungeprüft weitergegebene Lehrbuchmeinungen. Ja, man muss sich eigentlich fragen, ob nicht sogar die Absicht zur Irreführung der Massen dahintersteckt.

Wie sieht es mit der »Geldschöpfung« wirklich aus?

Dazu folgendes Beispiel: Es wohnen auf einer Insel drei Menschen, der Herr A(nleger), die Frau B(ank) und der Herr C(reditnehmer).

In der Ausgangssituation hat
A 5,– Euro, B 0,– Euro und C 0,– Euro.
Geld insgesamt: 5,– Euro
Geldforderungen/Geldschulden: 0,– Euro

Anders wäre es, wenn
A die 5,– Euro B gibt und B sie an C verleiht.
Geld insgesamt: 5,– Euro
Geldforderungen: 10,– Euro (A an B 5,– Euro und B an C 5,– Euro)
Geldschulden: 10,– Euro (C an B 5,– Euro und B an A 5,– Euro)

Theoretisch könnte C die geliehenen fünf Euro wieder A weiterverleihen, A anschließend an B usw. Das Entscheidende ist Folgendes: Durch jeden Leihvertrag erhöht sich der Betrag an Geldforderungen/ Geldschulden, nicht aber der Geldbetrag selbst. Um die Geldschulden zu tilgen, stehen immer nur fünf Euro zur Verfügung. Damit also wieder alles in die Ausgangssituation kommt, muss C die fünf Euro an B zurückgeben, damit B sie an A zurückgibt. Die Kreditrückzahlung konnte nur mit dem Schuldentilgungsmittel Geld erfolgen und nicht mit einer Geldforderung.

Mit Sicht-, Termin- und Spareinlagen kann man keine Schulden tilgen, denn sie sind Geldforderungen. Das Einzige, was man damit machen kann, ist, die Schulden gegeneinander aufzurechnen.

Das heißt, man kann zwar mit Giralgeld Geldforderungen von einem Konto auf ein anderes überweisen, aber letztlich ist das einzige Schuldentilgungsmittel das Bargeld. Bargeld und Zentralbankgeld sind auch die einzigen wirklichen Quellen für Geld. Wie wir gesehen haben, wird in den Banken selbst nichts »geschöpft«. Und es entsteht auch nicht irgendein dubioses, nicht erklärbares »Fiat Money«, und schon gar nicht »auf Knopfdruck«.

Die Geldemission funktioniert folgendermaßen: Eine Geschäftsbank leiht sich von der Notenbank gegen Hinterlegung von notenbankfähigen Wertpapieren Zentralbankgeld. Dieses Geld gibt sie als Kredit weiter an Unternehmen und Privatpersonen. Der Haken an diesem System ist aber, dass die Notenbank nur dann Geld emittieren kann, wenn dieses auch von den Geschäftsbanken nachgefragt wird. Diese werden es nur dann nachfragen, wenn auch Kreditnehmer bereit sind, Kredite zu nehmen bzw. die Wirtschaftslage so sicher ist, dass die Bank den Kredit auch wieder von den Kreditnehmern zurückerwarten kann.

Ist jedoch eine Krise ausgebrochen, dann sind immer weniger Unternehmen überhaupt in der Lage, Kredite zu nehmen. Oder sie bekommen keine mehr, da ihre Bonität durch die Krise gesunken ist. Die Geldemission ist somit blockiert. Deshalb kann keine Notenbank im heutigen System eine Inflation erzeugen, wenn eine Krise bereits begonnen hat.

Giralgeld ist nur eine Forderung auf Bargeld, eine Art zweitrangiges Geld. Könnte man mit Giralgeld das System genauso erhalten wie mit Bargeld, dann hätte Argentinien in seiner Krise, als die Banken geschlossen waren, nur die Bevölkerung dazu aufrufen müssen, ab jetzt nicht mehr in bar, sondern nur noch mit Karte zu bezahlen. Nach Meinung der Geldschöpfungstheoretiker hätte die Krise damit sofort behoben sein müssen. Doch eben das war gar nicht möglich, weil letztlich alles auf Bargeld (und Zentralbankgeld) beruht. Kommt es beim Bargeldkreislauf zu Problemen, gibt es auch mit dem Giralgeld Schwierigkeiten.

Wäre Bargeld heute völlig unwichtig, wie es immer wieder behauptet wird, dann hätte auch die Pleite des größten Geldtransportunternehmen *Heros* Anfang 2006 keine Krise in der Finanzwirtschaft auslösen können. In Wirklichkeit ist es so, dass im äußersten Crashfall alles vom Bargeld abhängt.

Die momentan von Massenmedien und »Experten« propagierte Inflation ist deshalb nicht zu begründen. Uns droht in Wahrheit die viel unerfreulichere Deflation. Oft hört man den Einwand, dass doch die Notenbanken die Märkte jederzeit mit Geld »fluten« können, um aus einer Deflation eine Inflation zu machen. Es existiert die Vorstellung, dass Notenbanken direkt die Geldmenge und den Geldumlauf nach Belieben beeinflussen.

Das eigentliche Problem ist nicht das Drucken von Geld, sondern die Geldausgabe. Geld kommt heute nur dann in Umlauf, wenn die Notenbank Kredite an Geschäftsbanken vergibt und diese das Geld weiter an die Unternehmen und Privathaushalte ausleihen. Solange jedoch keine erhöhte Kreditnachfrage besteht, kann die Notenbank so viel drucken, wie sie will – das Geld gelangt nicht in die Wirtschaft und somit auch nicht in den Kreislauf.

Das heißt, das Geld muss beim Endverbraucher ankommen. Erst wenn dieser damit Käufe tätigt, können die Preise steigen.

Richtigerweise wies Ad van Tiggelen, Anlagestratege bei *ING Investment Management,* darauf hin: »Aber es wird häufig vergessen, dass nicht das Drucken von Geld Inflation verursacht, sondern das Ausgeben.«[52]

Das heißt: Die Notenbanken können Geld drucken, wie sie wollen – solange dieses Geld nicht verbunden mit einem »Kaufrausch« beim Verbraucher ankommt, bleibt dieses Geld für die Inflationsrate wirkungslos.

Doch es ist noch schlimmer! Wenn die Kreditvergabe der Banken an die Wirtschaft rückläufig ist, dann wird jeder Notenbank im heutigen System die Neuschöpfung von Geld versperrt.

Bei fallender Kreditvergabe kann die Notenbank zwar Geld drucken, aber dieses kommt nie in Umlauf und kann so auch keine Inflation erzeugen. In einer Deflation geht jedoch die Kreditvergabe zurück, womit der Notenbank jede Möglichkeit genommen wird, gegenzusteuern.

Sieht man nun Bargeld als ordnungsgemäßes Geld an (wie auch im Bundesbankgesetz definiert) und durchschaut man das Geldschöpfungsmärchen als das, was es ist, nämlich eine unbewiesene Behauptung, dann wird deutlich, dass wir nach dem nächsten Crash nicht eine Inflation, sondern eine Deflation zu erwarten haben.

Dass die Geldmengentheorie völlig falsch ist, zeigt sich auch am Beispiel Japan, wo die deflationäre Tendenz bisher nicht gestoppt werden konnte und auch die Banken keine Gelder »schöpfen«, um ihre Probleme zu lösen. Der Beweis, dass alle möglichen Maßnahmen gegen eine Deflation erfolglos sind, ist Japan.

Die japanische Dauerdeflation

>»Japan steckt in einer Deflation: Im Oktober lag das allgemeine
Preisniveau gegenüber dem Vorjahresmonat 2,2 Prozent tiefer. Man-
che Ökonomen glauben gar, dieser Wert werde dem realen Preiszerfall
nicht gerecht, weil die Statistik nur Markenartikel berücksichtigt. Die
Deflation sei markanter. Regierung und Zentralbank fürchten, das
Land könne in eine Spirale geraten.«*
>
> *Tages-Anzeiger, 09.12.2009*

Bis 1990 befand der japanische Aktienmarkt in einem starken Aufwärtstrend. In großem Stil stiegen auch Ausländer in die Spekulation
ein. Ebenso gewannen die Immobilien in Japan zunehmend an Wert.
Niemand wollte damals glauben, dass solch ein »Aufschwung« bloß
eine Spekulationsblase darstellte.

Auslöser für diesen Boom waren die in den 1980er-Jahren sehr
niedrigen Zinsen in Japan. Diese führten dazu, dass die Banken immer sorgloser alle Arten von Spekulationsobjekten kreditierten.

Hauptsächlich handelte es sich um Aktien und Immobilien. Zwangsläufig entstanden durch den sorglosen Umgang mit Geld immer größere Spekulationsfallen. Allein die Fläche des Kaiserpalastes in Tokio
war beim Höchststand der Immobilienpreise wertvoller als der ganze
US-Bundesstaat Kalifornien.

Doch als die Zinsen Ende der 1980er-Jahre anfingen zu steigen,
platzten diese Blasen. Sowohl Aktien wie auch Immobilienwerte fielen
ins Bodenlose. Aufgrund der stark gesunkenen Immobilienpreise hatten die Banken plötzlich zunehmend faule Kredite in den Büchern stehen, also Kredite, die nicht mehr durch einen realen Immobilien- oder
Aktiengegenwert abgesichert waren. Darauf reagierten sie mit einer
rückläufigen Kreditvergabe. Da die Wirtschaft nun keine Kredite mehr
erhielt, verschlimmerte sich die Krise zusehends.

Die Notenbank reagierte auf die sich verschlimmernde Krise mit
sinkenden Zinsen bis auf nahe null Prozent. Doch hatte das nicht die
erwünschte Wirkung einer Wirtschaftsstimulation, sondern bewirkte
genau das Gegenteil. Weil es praktisch keine Rendite mehr gab, inves-
tierte kaum noch ein Unternehmen. Damit brach die Wirtschaft weiter

ein und es kam in der Folge zu einer Kaufzurückhaltung und fallenden Preisen. Eine deflationäre Abwärtsspirale begann.

Die Regierungen reagierten auf die Krise mit unzähligen Konjunkturprogrammen, die alle buchstäblich im Sande verliefen. Die Staatsschulden Japans erhöhten sich durch diese sinnlosen Programme auf astronomische 200 Prozent im Vergleich zum Bruttoinlandsprodukt. Die Krise ist bis heute nicht gelöst. Nur ein florierender Welthandel konnte Japan davor bewahren, in eine der Weltwirtschaftskrise ähnliche drastische Wirtschaftskatastrophe abzurutschen.

Kommt Ihnen das alles bekannt vor?

Wir haben heute einen ähnlichen Verlauf der Wirtschaftsentwicklung, nicht nur in einem Land, sondern weltweit. Nach der »dot.com«-Internetblase im Jahr 2000 sanken die Zinsen deutlich und in der Folge kam es zu einer Aufblähung des Aktien- und Immobilienmarktes weltweit. Dann platzte die Blase. Bankenkrisen entstanden durch wertlose Immobilienpapiere und eine restriktive Kreditvergabe.

Auch die Reaktionen der Notenbanken und Regierungen waren dieselben wie in Japan: wiederum extrem niedrige Zinsen und massive Konjunkturprogramme, welche die Staatsschulden weiter vergrößerten.

Die Ergebnisse werden ebenfalls ähnlich sein: Die Krise wird sich verschlimmern und es wird zu einer Dauerdeflation kommen.

Ein Unterschied zu Japan besteht jedoch: Während Japan vom damals florierenden Welthandel profitieren und sich damit stabilisieren konnte, fehlt heute ein solcher, da es wirtschaftlich weltweit abwärts geht.

Dass es sich bei der Deflation nicht um eine theoretische Betrachtung handelt, sondern diese schon mehrfach in der Geschichte vorgekommen ist, das zeigte beispielsweise die große Weltwirtschaftskrise in den 1930er-Jahren.

DIE WIRTSCHAFTSGESCHICHTE BEWEIST: KRISEN FÜHREN ZUR DEFLATION

»Die Freiheit der Meinung setzt voraus, dass man eine hat.«

Heinrich Heine

Wenn man sich die Wirtschaftskrisen in der Geschichte näher ansieht, stellt man fest, dass diese keineswegs, wie gerne behauptet wird, zu Inflationen führten, sondern stets zu Deflationen. Die Abfolge der Ereignisse unterscheidet sich zwar im Detail, nicht jedoch im prinzipiellen Ablauf. Zunächst kam es immer zu einem Wirtschaftsboom, dem eine Spekulationsphase folgte. Platzte die Spekulationsblase, dann entstand daraus eine Krise mit Kapitalrückzug und Deflation. Nach längeren Deflationsphasen kam es in der Folge zu kriegerischen Konflikten und erst nach dem Krieg zur Inflation. Dies beweisen die Krisen der letzten 150 Jahre.

Die Wirtschaftskrise von 1857 führte über eine Deflation in den Amerikanischen Bürgerkrieg

Eine der ersten weltumspannenden Krisen ging Mitte des 19. Jahrhunderts von Amerika aus. Damals litten die USA (wie auch heute wieder) unter einem hohen Handelsbilanzdefizit.

Dieses Ungleichgewicht hatte zur Folge, dass ständig Gold aus dem Land abgezogen wurde und sich die Goldreserven massiv verringerten. Um die verbleibenden Reserven zu sichern, kam es im Sommer 1857 zu einer verhängnisvollen Entwicklung. Die US-Banken beschlossen eine drastische Anhebung der Zinsen. Das hatte für die wirtschaftliche Entwicklung des Landes verheerende Folgen.

Große Infrastrukturprojekte der USA wie der Eisenbahnbau, die kreditfinanziert waren, kamen zum Erliegen. Zu allem Übel waren auch noch die amerikanischen Weizenexporte nach Europa stark eingebrochen, sodass viele Farmer in finanzielle Nöte gerieten und ihre Schulden nicht mehr begleichen konnten.

Am 24. August 1857 meldete die bis dahin als grundsolide geltende *Ohio Life Insurance and Trust Company* überraschend Konkurs an. Die Folge waren ein dramatischer Absturz der New Yorker Börse und zahlreiche Pleiten von Banken und Handelshäusern. Um die Situation etwas zu entspannen, hatten die großen Banken beschlossen, eine größere Menge Gold aus Kalifornien als Sicherheitsreserve an die Ostküste zu bringen. Doch das Schiff geriet in einen Hurrikan und sank mit seiner gesamten Fracht. Die Nachricht löste in der Finanzwelt eine Panik aus und führte im Oktober 1857 zu einem erneuten Crash an der Wall Street.

Auch Europa war sofort von der Krise betroffen. Besonders Großbritannien und Skandinavien mussten wegen ihrer engen Handelsbeziehungen zu den USA heftige Einbußen hinnehmen. Im Deutschen Reich musste besonders Hamburg Federn lassen. Die dortigen Banken bekamen ihre Kredite nicht mehr zurückbezahlt. Im Dezember 1857 drohte fast allen Hamburger Banken der Konkurs. Es dauerte gut zwei Jahre, bis die Krise in den USA und Europa überwunden war. Die Folge dieser Krise war eine weitreichende Deflation, die nicht zuletzt eine Ursache für den späteren Amerikanischen Bürgerkrieg war.

Die Wirtschaftskrise 1873 – 23 Jahre Deflation

Ein gutes Beispiel für ein Zinssystem in der Endphase ist die sogenannte Gründerzeit um 1870. In Europa wurden Unternehmen durch massive Verschuldung gegründet und in Aktiengesellschaften umgewandelt. Die Betriebe waren dabei völlig überbewertet, was daran deutlich wurde, dass der Aktienwert oftmals das Doppelte oder Dreifache des realen Firmenwertes betrug. Dadurch wurde ein Aktienboom ausgelöst, dem immer mehr Menschen erlagen.

Clevere Geschäftemacher nutzten die Gier des Menschen nach Reichtum geschickt aus, um kritisches Denken auszuschalten. Um die Anleger anzulocken, wurden beispielsweise Personen dafür bezahlt, vor der Ausgabestelle der Aktien reges Gedränge vorzutäuschen. Gleichzeitig brachte die Presse allerlei Berichte über eine vielfache

Überzeichnung der Aktien. In der Bevölkerung entstand dadurch der Eindruck, dass tatsächlich ein großes Interesse an den Aktien bestünde. Durch solche Tricks konnte die Entwicklung weiter angeheizt werden, und in den Jahren 1871 und 1872 erschien an der Börse in Berlin praktisch jeden Tag ein neues Unternehmen auf dem Kurszettel. Zugleich stiegen die Wohnungspreise, da von der reichen Oberschicht vermehrt Immobilien nachgefragt wurden.

Die Entwicklung endete jedoch im März 1873 in einem Zusammenbruch, der die Bevölkerung in bittere Armut stürzte. Hunderttausende verloren ihre Existenzgrundlage, als die Kurse plötzlich abstürzten. Im Jahr 1876 waren die Aktienkurse nur noch halb so hoch wie während des Booms 1873. Auch der Immobilienboom drehte sich ins Gegenteil. Unzählige Wohnungen standen jetzt leer, denn viele Hausbesitzer konnten ihre Kredite nicht zurückzahlen.

Der Börsencrash stürzte die Wirtschaft in eine Deflation. Niemand wollte mehr investieren, keiner konnte etwas kaufen. Die Firmen blieben auf ihren Waren sitzen und mussten die Preise immer weiter senken. Auch Löhne und Gehälter wurden im weiteren Verlauf gekürzt.[53]

Diese bis damals schlimmste Wirtschaftskrise dauerte 23 Jahre und endete erst um die Jahrhundertwende. Es folgte eine Zeit, in der sich Wirtschaftseinbrüche und Boomphasen abwechselten. Auch hieran sieht man, dass das Resultat der Krise eine lange Deflation war. Dabei verschuldeten sich die Staaten im Kampf um Rendite immer weiter, was letztlich im Ersten Weltkrieg endete.

Der Erste Weltkrieg, eine Folge der Deflation von 1912

*»Der heute herrschende Kapitalismus in der Gesellschaft bedeutet
ewigen Krieg. ... Die Kriege sind Lösungsversuche wirtschaftlicher
Fragen in kapitalistischem Sinne. ... Die entscheidende Frage der
Friedensbewegung lautet: Wird es gelingen, den heute herrschenden
Kapitalismus aus der Gesellschaft zu beseitigen? ... Bleibt aber das
kapitalistische Erwerbssystem herrschend, dann müssen die Zeiten der
ewigen Kriege fortdauern trotz aller Friedenskonferenzen.«*

Professor Gustav Ruhland, Das System der politischen Ökonomie, 1908

Besonders die Deflation von 1912 wirkte sich katastrophal auf die Lebensumstände der Menschen aus. Die Staaten waren zu dieser Zeit so hoch verschuldet, dass beispielsweise das Deutsche Reich allein für seine Eisenbahnanleihen mehr Geld aufwenden musste als für das ganze hochgerüstete Heer. Insgesamt war die finanzielle Situation der meisten Staaten damals sehr angespannt. Deshalb versuchte jede Nation, möglichst große Weltmarktanteile für sich zu beanspruchen, um die wachsenden Zinslasten tragen zu können. Es entwickelte sich ein Konkurrenzkampf, welcher im Ersten Weltkrieg endete.

Wer das zinskapitalistische System durchschaut hatte, konnte schon lange vor dem Ersten Weltkrieg die Ereignisse vorhersagen. So rechnete Gustav Ruhland, Professor für politische Ökonomie, bereits 1908 die Vermögenskonzentration durch den Zinseffekt aus und kam zum Ergebnis, dass eine Katastrophe absehbar sei: Die im Jahr 1870 mit 15 Millionen Mark Kapital gegründete Deutsche Bank war bis 1908 auf ein Vermögen von 150 Millionen Mark, im ganzen Syndikat sogar auf ein Vermögen von drei Milliarden Mark angewachsen. Bei Beibehaltung dieser Steigerungsrate hätte spätestens nach zehn weiteren Jahren das gesamte Volksvermögen von 150 Milliarden Mark der Deutschen Bank gehört. Doch dazu kam es nicht mehr.

Ruhland sah bereits sechs Jahre vorher den Ersten Weltkrieg voraus. In seiner dreibändigen Schriftenreihe *Das System der politischen Ökonomie* schrieb er:»Bei der nur zu oft maßlosen Inanspruchnahme des Kredits vollzieht sich hier mithilfe des Bank- und Börsenkapitals in einer anscheinend planvollen Weise eine nationale wie internationale

Verkettung der Privatunternehmungen, die in unserem Kriegszeitalter uns eines Tages einer Krise entgegenzuführen droht, wie sie kaum in der Geschichte der Völker schon erlebt wurde.«

Das Fazit: Eine Deflation erzeugt Armut und schafft damit die Bedingungen für einen folgenden Krieg.

Die Hyperinflation 1923

Durch Zinszahlungen und Schuldentilgung aufgrund von Reparationszahlungen nach dem Ersten Weltkrieg war der Haushalt der deutschen Reichsregierung Anfang der 1920er-Jahre stark belastet. Die Regierung versuchte mit immer höheren Reichsbankkrediten und eifrigem Betätigen der Notenpresse der Lage Herr zu werden. Das Giralgeld, sprich das Buchgeld, welches nicht in Form von Scheinen oder Münzen als Bargeld vorliegt, sondern als sofort liquidierbares Bankguthaben auf einem Konto liegt, stieg auf 500 Trillionen Mark.

300 Papierfabriken und 150 Druckereien waren mit der Herstellung von Banknoten beschäftigt, und das umlaufende Bargeld stieg auf fast dieselbe Menge. Die Kaufkraft des deutschen Geldes fiel ins Bodenlose, der Kurs zum Dollar stieg steil an.

Die Reichsbanknoten wurden mit immer höherem Nennwert ausgegeben, sodass schließlich eine Flucht in Dollar, Sachwerte und Immobilien einsetzte. Die Geschäftsinhaber brachten ihr Geld schnellstmöglich auf die Bank und tauschten es in Fremdwährungen um.

Wegen des schnellen Preisverfalls wurde der Lohn zweimal täglich ausgezahlt. Das Geld verlor fast gänzlich seine Zahlungsmittelfunktion und es wurde mit Naturalien bezahlt.[54] Die Hyperinflation kann dabei als unmittelbare Folge der Schulden aus den Reparationsforderungen ans Deutsche Reich nach dem Ersten Weltkrieg betrachtet werden. Inflation ist, wie hier zu sehen ist, eine Ausnahmeerscheinung und nicht die Regel.

Die Währungsreform 1923 –
der Weg für die nächste Deflation wird frei

Nach der Hyperinflation 1923 wurde am 15. November 1923 eine Währungsreform durchgeführt. Dabei wurden eine Billion Papiermark in eine Rentenmark umgetauscht. Der Wechselkurs zum Dollar wurde auf 4,2 Rentenmark = ein Dollar festgesetzt. Bei der Rentenmark handelte es sich um ein Übergangsgeld, das am 30. August 1924 von der goldgedeckten, frei konvertierbaren Reichsmark abgelöst wurde.[55] Gerade diese Golddeckung sollte sich im weiteren Verlauf jedoch als fatal herausstellen. Nach der Währungsreform ergab sich zunächst eine kurze Phase der scheinbaren Stabilität. Doch auch die Währungsreform von 1923 hatte keine stabile Währung geschaffen, sondern nur den Grundstein für eine noch viel schlimmere Krise gelegt, die Deflation.

Ursache dafür war der Goldstandard, der 1924 im Deutschen Reich und 1926 weltweit eingeführt wurde. Dabei wurde die Geldmenge fest an eine bestimmte Goldmenge gekoppelt. Das bedeutete, dass die Notenbank nur dann die Geldmenge erhöhen konnte, wenn sie entsprechend mehr Gold in die Tresore einlagerte. Diese Goldbindung hat in den 1930er-Jahren zu einem unheilvollen Resultat geführt, zu einer schweren Deflation.

Die Goldstandarddeflation vor 1930

Nach dem Ersten Weltkrieg (1914–1918) begann das Deutsche Reich, seine Verschuldung in den USA massiv auszubauen. Dabei nahmen die Banken kurzfristige Kredite in Amerika auf. Das Geld sollte langfristig verliehen werden, um die deutsche Wirtschaft anzukurbeln. Wenn der Rückzahlungstag kam, wurden neue, wiederum kurzfristige Kredite aufgenommen.

Ab 1927 zeigten sich erste Krisenerscheinungen. Der Zahlungsmittelumlauf ging stetig zurück. Es kam zu Konkursen und wachsender Arbeitslosigkeit. Im Jahr 1930 erreichte die ausländische Verschuldung mit 22 Milliarden Reichsmark einen Höhepunkt. Davon waren die Hälfte kurzfristige Schulden.

Richtig bedrohlich wurde die Situation durch den Börsencrash von 1929 an der Wall Street. In der Krise wurden die ans Deutsche Reich vergebenen Kredite zunehmend zurückgefordert, und deutsches Währungsgold floss nach Amerika. Der Zusammenbruch der Österreichischen Kreditanstalt am 11. Mai 1931 löste schließlich eine weltweite Angst um Kapitalanlagen im Deutschen Reich aus. Die Folge war eine Kapitalflucht, und innerhalb weniger Wochen büßte die Reichsbank Gold und Devisen im Wert von zwei Milliarden Reichsmark ein. Ab Juli 1931 zog sich das Geldkapital massiv vom Markt zurück, da ausländische und deutsche Kunden gleichermaßen ihr Geld von den Bankkonten abhoben.

Durch den damals gültigen Goldstandard war die deutsche Notenbank verpflichtet, ein Drittel des ausgegebenen Geldwertes als Golddeckung zu deponieren. Es durfte also maximal die dreifache Menge an Geldscheinen und -münzen im Umlauf sein, wie Gold in den Tresoren lagerte. Je mehr Gold während der Krise aus dem Deutschen Reich abgezogen wurde, desto mehr Geld musste die Reichsbank aus dem Umlauf ziehen, um die Deckung aufrechtzuerhalten.

So breitete sich über den Goldstandard die Krise von Amerika, beginnend mit dem Wall-Street-Crash 1929, auf die ganze Welt aus, weil die meisten Länder ihre Währung an das Edelmetall gekoppelt hatten und in Zugzwang gerieten. Durch den Einzug des Tauschmittels Geld wurde einerseits die Deflation immer weiter verschärft und andererseits konnte die Notenbank keine eigenständige Politik mehr betreiben, um die Krise zu bewältigen.

Wie untauglich ein Goldstandard ist und wie er zur Deflation führt, das wurde hier sehr deutlich.

Interessant ist in diesem Zusammenhang der Ablauf des Börsenkraches in Amerika, der diese Entwicklung einleitete.

Der Börsenkrach 1929

Die Bevölkerung, vor allem in den USA, glaubte damals tatsächlich an einen für immer andauernden Wohlstand. Entsprechend begannen ab 1924 die Börsenkurse zu steigen, bis im Jahr 1927 die Spekulation ein enormes Ausmaß erreichte. Weil die Kurse scheinbar unaufhörlich kletterten, erfasste das Spekulationsfieber weite Teile der Bevölkerung. Im Januar 1928 sagte der damalige US-Präsident sogar, es bestehe kein Anlass zur Sorge, da die Börsenkredite nicht zu hoch seien. Die rasanten Kursgewinne wurden mit der wohlstandsmehrenden Verbreitung von Radioapparaten und Autos begründet.

Der Anstieg der Aktien solcher Unternehmen leitete in der Tat den Boom an der Börse ein. Rückschläge wurden von den Anlegern einfach ignoriert, und in den Nachrichten erschienen Börsenmeldungen häufig an erster Stelle.

Auch weiterhin war eine Verharmlosung der Entwicklung von offizieller Seite zu vernehmen. So erklärte Herbert Hoover 1928 in seiner Rede zur Nominierung als republikanischer Präsidentschaftskandidat, dass Amerika kurz vor dem endgültigen Sieg über die Armut stehe, das Armenhaus werde verschwinden.

Inzwischen versuchte die *Federal Reserve Bank* (*Fed*, die US-amerikanische Notenbank), die Kreditausweitung für Aktienkäufe zu beschränken, indem langfristige Kredite hierfür gesperrt wurden. Die Anleger stiegen deshalb fatalerweise auf die noch riskantere kurzfristige Verschuldung um, wobei die Zinssätze schnell von zwölf auf 20 Prozent stiegen. Wie auch heute, so glaubten die Amerikaner schon damals, dass es nur darauf ankomme, bei Kursverlusten nicht zu verkaufen, weil der Rückgang schnell wieder aufgeholt werde.

Von offizieller Seite wurde die Spekulation immer weiter angeheizt, wobei sich die Experten bezüglich der weiteren Wirtschaftsentwicklung zunehmend widersprachen. Ängste wurden jedoch weiterhin beruhigt. So hielt zum Beispiel Professor Irving Fisher noch am 17. Oktober 1929 eine Ansprache, in der er betonte, dass in nur wenigen Monaten der Aktienmarkt sich wieder deutlich erhole und sich eine Anlage lohnen werde. Es gab jedoch keine Erholung mehr und am 22. Oktober 1929 begannen die Kurse ohne ersichtlichen Grund plötzlich zu fallen.

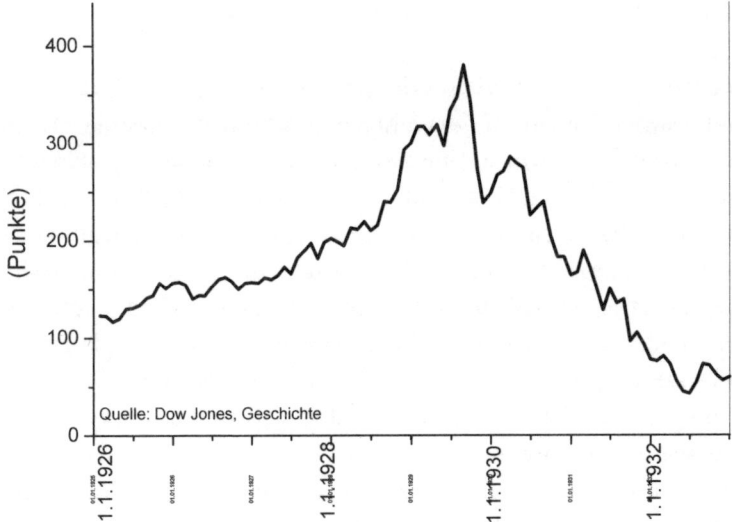

Abb. 11: Dow-Jones-Aktienindex, US-Börse vor und nach dem Börsencrash 1929

An diesem Tag hatte die Weltwirtschaftskrise begonnen, und die Börsenkurse verloren innerhalb weniger Jahre über 90 Prozent ihres Wertes. Als Folge brach die Kaufkraft der Bevölkerung ein und Unternehmens- und Bankpleiten vernichteten das Vermögen der Sparer. Das Geldkapital zog sich aufgrund steigender Unsicherheiten aus der Wirtschaft zurück, was einen starken Rückgang des Preisniveaus nach sich zog. Weil die Preise verfielen (Deflation), ging sofort der Absatz von Gütern zurück, weil jeder auf noch günstigere Preise wartete und ihren Kauf hinauszögerte. Damit kamen die Unternehmen in Bedrängnis und waren gezwungen, Arbeitskräfte zu entlassen, womit die Kaufkraft noch stärker einbrach. Immer mehr Banken mussten schließen, weil viele Kredite uneinbringbar wurden. Die Lage wurde immer hoffnungsloser, und eine tiefe Deflation behinderte jede Erholung der Wirtschaft.

Die Deflation der großen Weltwirtschaftskrise

Auslöser der bis dahin größten Wirtschaftskrise in der Geschichte war, wie wir gesehen haben, ein Börsenkrach in Amerika im Oktober 1929. Durch diesen Crash wurde eine große Unsicherheit auf dem Finanzmarkt erzeugt, was den Schuldenturm weltweit zum Einsturz brachte. Das Deutsche Reich hatte sich nach dem Ersten Weltkrieg massiv bei den US-amerikanischen Banken verschuldet. Dabei nahmen die Banken kurzfristige Kredite in Amerika auf, um das Geld langfristig zu verleihen. Wenn der Rückzahlungstag kam, wurden neue kurzfristige Kredite aufgenommen. Ab 1927 kam es schon zu ersten Krisenerscheinungen. Der Zahlungsmittelumlauf ging stetig zurück, es kam zu Konkursen und wachsender Arbeitslosigkeit. Im Jahr 1930, nach dem Börsencrash in Amerika, erreichte die ausländische Verschuldung (die Hälfte waren kurzfristige Schulden) mit 22 Milliarden Mark einen Höhepunkt. In der Krise wurden die Kredite zunehmend zurückgezogen und deutsches Währungsgold floss nach Amerika.

Der Zusammenbruch der Österreichischen Kreditanstalt am 11. Mai 1931 verursachte eine weltweite Angst um Kapitalanlagen im Deutschen Reich. Die Folge war eine Kapitalflucht und innerhalb weniger Wochen büßte die Reichsbank Gold und Devisen im Wert von zwei Milliarden Reichsmark ein. Ab Juli 1931 zog sich das Geldkapital massiv vom Markt zurück, da ausländische und deutsche Kunden ihr Geld von den Bankkonten abhoben.

Besonders betroffen davon war die Darmstädter- und Nationalbank. Das Kapital der Bank setzte sich aus 2,18 Milliarden Auslands- und nur 0,12 Milliarden Inlandsverschuldung zusammen. Am 13. Juli 1931 stellte die Bank deshalb alle Zahlungen ein. Gleichzeitig übernahm die Regierung die Garantie für die Bank und ordnete für alle Kreditinstitute Bankfeiertage an. Später mussten immer mehr Banken gestützt werden.

Nach den USA war das Deutsche Reich am stärksten von der Krise betroffen. Der Grund dafür lag darin, dass etwa drei Viertel der kurz- bis mittelfristigen Auslandskredite für langfristige Investitionen eingesetzt worden waren. Die Auswirkungen waren schrecklich. Durch den deflationären Prozess sank das Bruttosozialprodukt in der Weltwirtschaftskrise 1929 um fünf Prozent, 1930 um 4,2 Prozent, 1931 um 12,1 Prozent und 1932 um nochmals fünf Prozent. Deshalb mussten immer mehr Betriebe Bankrott anmelden. Die Zahl der jährlichen Konkurse verdoppelte sich zwischen 1928 und 1931.

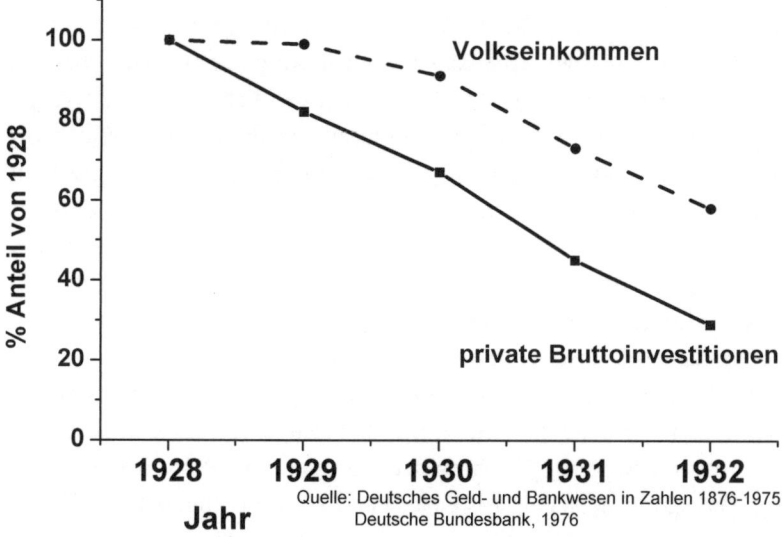

Abb. 12: Rückgang der Investitionen und des Volkseinkommens in der Deflation

Es entstand ein Teufelskreislauf aus sich verringernder Kaufkraft, zurückgehender Nachfrage, sinkender Produktion und weiteren Entlassungen. Auch in der Landwirtschaft verschärfte sich die Dauerkrise. Viele kleine und mittlere Bauern konnten ihre Schulden nicht mehr abbezahlen und gingen finanziell zugrunde.

Besonders die Maßnahmen der damaligen Regierung Brüning waren fatal, da sie, um einen ausgeglichenen Haushalt vorzuweisen, die direkten Steuern und indirekten Abgaben erhöhte. Die Massenarbeitslosigkeit überstieg bei Weitem die Möglichkeiten der Arbeitslosenversicherung. Deshalb wurden die staatlichen Sozialzuwendungen zurückgefahren und die Löhne und Gehälter im öffentlichen Dienst gesenkt.

Es zeigte sich schnell, dass die Maßnahmen der Regierung die Krise weiter verschärften. So kam es zu einer deflationären Abwärtsspirale, weil sich durch die Absenkung der Einkommen die Kaufkraft verringerte. Die Produktion ging weiter zurück, während die Arbeitslosigkeit rapide anstieg. Auf die Arbeitslosenunterstützung war in dieser Zeit kaum Verlass. Und je länger die Krise anhielt, desto mehr Arbeitslose fielen spätestens nach 26 Wochen (über 40-Jährige nach 39 Wochen) aus der bescheidenen Arbeitslosenversicherung heraus. Anschließend erhielten sie bis zu 39 bzw. 52 Wochen eine deutlich reduzierte, bedürftigkeitsgebundene Krisenunterstützung und danach schließlich die winzige, rückzahlungspflichtige kommunale Wohlfahrtsunterstützung. Von den 4,7 Millionen Arbeitslosen im Frühjahr 1931 bezogen 43 Prozent Arbeitslosengeld, 21 Prozent Leistungen der Krisenfürsorge und 23 Prozent Zuwendungen der Wohlfahrtsunterstützung. Der Rest erhielt überhaupt keine Unterstützung. Auch die Ersparnisse gingen in dieser Zeit verloren oder waren gesperrt.

Nach Beginn der Krise konnten die Bankkunden nur noch in beschränktem Umfang über ihr Guthaben verfügen. Durch den Goldstandard war die Regierung nicht in der Lage, dem Markt zusätzliches Geld zur Verfügung zu stellen. Als erstes Land koppelte England deshalb das Pfund Sterling am 21. September 1931 vom Goldstandard ab, um es 20 Prozent abzuwerten. Damit wurde die Lage für Deutschland noch ungünstiger, weil der Wert der Reichsmark im Ausland stieg und deutsche Produkte ihre Konkurrenzfähigkeit auf dem Weltmarkt verloren.

Brüning entschloss sich deshalb zu einer weiteren Verschärfung des Deflationsdrucks. Nach der Notverordnung vom 6. Oktober 1931 konnten Arbeitslose nur noch 20 statt 26 Wochen Leistungen erhalten. Die Folge der Maßnahme zeigte sich in einem erneuten Anstieg der Arbeitslosigkeit. Ende Februar 1932 gab es 6,1 Millionen registrierte Erwerbslose, mit den nicht gemeldeten Arbeitslosen waren es über 7,6 Millionen.[56]

Das waren die Folgen der schweren Deflation von 1930, die dann unmittelbar im Zweiten Weltkrieg endete.

Der Zweite Weltkrieg, eine Folge der Deflation von 1930

»Die großen Kämpfe der neueren Zeit sind gegen Wunsch und Willen der Regierenden entbrannt. Die Börse hat in unseren Tagen einen Einfluss gewonnen, welcher die bewaffnete Macht für ihre Interessen ins Feld zu rufen vermag …«

Generalfeldmarschall Graf von Moltke (1800–1891)

Erst mit Ausbruch des Zweiten Weltkriegs 1939 steigerte sich die Wirtschaftsentwicklung wieder weltweit in kurzer Zeit zu einer Hochkonjunktur, weil die Rüstungsindustrie dem bislang gehorteten Geld rentable Anlagemöglichkeiten bot.

Zwar konnte durch die Rüstung die Deflationskrise beendet werden, doch dies hatte letztlich für die Menschen fatale Auswirkungen, da es fast zwangsläufig mit einem Krieg einherging. Außerdem zerstört jeder Krieg auch allerorts Realkapital wie Häuser, Fabriken und Maschinen, womit der Bedarf an Krediten wieder steigt. Durch die größere Nachfrage nach Geld gehen folglich die Zinsen nach oben, womit es sich für Geldverleiher wieder lohnt, der Wirtschaft ihr Kapital zur Verfügung zu stellen. Damit wird die Investitionsquote erhöht, allerdings erst, wenn die Zerstörung ein ausgiebiges Niveau erreicht hat.

Der Krieg dient im Prinzip dazu, das zusammengebrochene Zinssystem wieder in Gang zu bringen. Wie der bewaffnete Konflikt jeweils im Detail verläuft, ist in diesem Zusammenhang zweitrangig.

In Deutschland verschlechterte sich die Lage nach Beginn der Weltwirtschaftskrise jedenfalls drastisch. Weil die Geldmenge mittels Goldstandard an den Preis des Goldes gebunden war, musste nach dem Abzug der von Amerika geliehenen Goldreserven immer mehr Geld eingezogen werden, das dem Wirtschaftskreislauf somit nicht mehr zur Verfügung stand, was letztlich eine massive Deflation auslöste. Das Volkseinkommen sank von 1928 bis 1932 um 40 Prozent, die privaten Bruttoinvestitionen gingen sogar um 75 Prozent zurück. Die wirtschaftlichen Aussichten verdüsterten sich zunehmend, die Arbeitslosenzahl stieg. In dieser Situation konnte sich die radikale NSDAP von einer kleinen Splitterpartei zur größten Partei Deutschlands aufschwingen.

Ein gutes Beispiel dafür, dass Kriege mit dem Zinskapitalismus zusammenhängen, zeigt die Entwicklung der Staatsverschuldung in Deutschland. Durch Zinsaufwendungen für Kredite erhöht sich die Verschuldung eines Staates zusehends. Jedes Land muss sich dabei immer weiter verschulden, schon allein, damit das durch die Zinslast verminderte Geldkapital wieder in den Wirtschaftskreislauf kommt. Da aber mit der Zeit die Zinslasten immer größer werden, gerät der Staat letztlich immer mehr unter Druck. Er wählt möglicherweise statt der friedlicheren Option, eine Wirtschaftskrise in Kauf zu nehmen, die aggressivere Methode: Durch Eroberung fremder Länder versucht er, im Ausland frisches Kapital für die Bedienung der eigenen Schulden zu erhalten.

Dabei verläuft die Entwicklung zwangsläufig wie folgt: Solange die Wirtschaft schneller wächst als der Kapitalanteil, wenn also der Zinssatz geringer ist als die Wachstumsrate, lassen sich die Missstände noch verbergen. Sobald das Wachstum der Ökonomie jedoch an Grenzen stößt, beansprucht der Kapitalanteil einen immer größeren Teil des Volksvermögens. Durch den Zinseffekt beschleunigt sich die Vermögensverschiebung, und die Schwierigkeiten nehmen immer größere Ausmaße an. Schließlich zieht sich das Kapital aus der Wirtschaft zurück, weil die Mindestverzinsung nicht mehr sichergestellt ist. Die entstehende Deflation führt zu großer Not und Unruhen. In einem Krieg wird letztlich ein Großteil des Sachkapitals vernichtet. Und mit dem Wiederaufbau fängt die Entwicklung von vorne an – bis zum nächsten Krieg.

Nach dem Krieg: die Währungsreform 1948

Wie schon 1923 die Hyperinflation mit Währungsschnitt, so war auch die Währungsreform 1948 nur in einer Sondersituation aufgrund des verlorenen Krieges möglich. Ohne Ersten und Zweiten Weltkrieg hätte es diese beiden Währungsschnitte nie gegeben. Daran wird deutlich, dass es Hyperinflation und Währungsschnitt immer nur nach einem Krieg gibt und nicht, wie derzeit behauptet wird, von einem Tag auf den anderen ohne jeden Anlass. Fassen wir also die Fakten nochmals zusammen: Nach einem Crash kam es bisher noch nie zu einer Währungsreform, es folgte immer zuerst eine Deflation, und erst nach einem Krieg kam es zur Inflation und einem Währungsschnitt.

Nach dem Zweiten Weltkrieg lag die Wirtschaft in Deutschland weitgehend am Boden. Das Geld hatte seinen Wert durch Inflation und Kriegszerstörungen verloren. Deshalb waren die Preise größtenteils staatlich festgelegt. Weil sich die Produktion unter diesen restriktiven Bedingungen nicht lohnte, reduzierte sich das Warenangebot weiter, und es bildete sich ein Schwarzmarkt mit hohen Preisen.

Unter Führung der USA entschlossen sich die Westmächte, im Westsektor eine neue Währung zu begründen, um die Tauschmittelfunktion wieder zu beleben. Erstaunlich war, dass die neuen Geldscheine ab November 1947 nicht in Europa, sondern in den USA gedruckt und vom 11. bis 15. Juni 1948 heimlich auf die elf Landeszentralbanken verteilt wurden. Die Aktion verlief weitgehend im Geheimen, da erst am Abend des 18. Juni 1948 die Einzelheiten des Geldumtauschs bekannt gegeben wurden. Es bestand also keine Möglichkeit für die Sparer, sich auf den Währungsschnitt einzustellen. Ab dem 20. Juni 1948 war die Reichsmark plötzlich ungültig, womit auch alle Schulden des Reiches erloschen. Die Anleger, die ihr Vermögen dem Staat anvertraut hatten, mussten deshalb kräftige Verluste verbuchen! Hier zeigte sich der Nachteil von Geldforderungen gegenüber Bargeld, da Bargeld deutlich leichter und zu besseren Konditionen umgetauscht werden konnte. Jeder Einwohner erhielt im Austausch gegen 60 Reichsmark 60 D-Mark.[57] Darüber hinaus wurden Bankguthaben und anderes Buchgeld in einem deutlich schlechteren Verhältnis umgetauscht als Bargeld.

Fatalerweise hatte auch diesmal niemand aus der Geschichte und aus dem Geldwesen gelernt, denn es handelte sich überhaupt nicht um eine Währungsreform (also die Einführung eines wirklich funktionierenden Geldsystems), sondern lediglich um einen Währungsschnitt (also den Ersatz des vorher gültigen Geldes durch neues Geld mit ebenso falsch konzipiertem Zahlungssystem). Es dauerte wie immer einige Jahrzehnte, bis die Folgen dieses Fehlers sichtbar wurden. Und genau das ist jetzt am Anfang des 21. Jahrhunderts der Fall. Wer die

Vergangenheit kennt, sieht derzeit die gleichen prinzipiellen Abläufe, z.B. den krankhaften Börsenboom, die schon Ende der 1920er-Jahre zum Zusammenbruch führten.

Das Endstadium – die Geschichte wiederholt sich

Gegenwärtig wiederholt sich der geschichtliche Ablauf eines zerfallenden Zinssystems. Ein sicheres Zeichen dafür, dass sich unser System im Endstadium befindet, sind die bis vor Kurzem explodierenden Aktienkurse. Inzwischen dient nur noch ein Prozent des täglichen Devisenumlaufs von 4000 Milliarden Dollar dazu, Waren und Dienstleistungen auszutauschen. Der Rest ist Spekulationskapital auf der Suche nach immer höherer Rendite.

Entsprechend der Zinseszinsrechnung explodiert auch allerorts die Verschuldung: Staat, Unternehmen und Privathaushalte haben inzwischen einen Schuldenberg von über 6000 Milliarden Euro aufgetürmt, der in 500-Euro-Scheinen die gigantische Höhe von über 1000 Kilometern erreichen würde. Gleichzeitig hat sich das parallel zu den Schulden steigende Geldvermögen in so wenigen Händen konzentriert, dass knapp 400 Milliardäre weltweit mehr besitzen, als das halbe jährliche Einkommen der Weltbevölkerung.

Wie bisher immer in der Geschichte, werden sich die Ungleichgewichte in immer kürzeren Zeitabständen aufschaukeln, bis das System zerfällt. Dabei ist jeder Zusammenbruch größer als der vorhergehende. Der kommende Crash wird deshalb bedeutend mehr Unheil anrichten als die große Depression 1929. Und ein Krieg ist sehr schnell denkbar, wenn ein hochgerüstetes Land unter seinen Zinslasten zusammenbricht und keine andere Möglichkeit mehr sieht, als das Waffenpotenzial zu nutzen. In unserer hochverschuldeten Welt wird es, wie schon in der Vergangenheit, für die Nationen immer schwerer, in einem härter werdenden Wettbewerb die von den Kapitalgebern geforderte Rendite zu erwirtschaften.

Wie nahe die Nationen schon am deflationären Kollaps stehen, das sehen Sie anhand der Finanzkrisen der vergangenen Jahre. Mussten zur

Bankenkrise der Jahre 2008 und 2009 noch Banken vom Staat gerettet werden, so war es im Jahr 2010 zur Eurokrise schon notwendig, ganze Staaten zu unterstützen. Dabei ist aus zwingenden Gründen nach wie vor die Deflation die eigentliche Gefahr und nicht die Inflation.

Es haben sich bereits bedenkliche Spekulationsblasen gebildet und wie wir gesehen haben, führt ein Crash immer zur Deflation.

Von einer Blase in die nächste,
bis zur Deflation

»Das Wohlbefinden und der Wohlstand des einzelnen Menschen,
das Glück der Volksgemeinschaft, die Zufriedenheit des
ganzen Volkes und der Friede der Welt sind hauptsächlich, wenn
nicht gänzlich und allein, ein Geldproblem.«

Vincent Vickers, Leiter der Bank von England, 1910–1919

Sieht man sich die Geschichte nach dem Zweiten Weltkrieg an, dann erkennt man eine Steigerung der Krisenhäufigkeit. Erfolgten die Krisen früher in einem Abstand von Jahrzehnten, so folgen diese nun schon beinahe jährlich. Auch die Auswirkungen werden zunehmend bedrohlicher. Ging es früher um einige Milliarden Dollar, so geht es heute schon um Billionen Dollar. Wie gefährlich diese Krisen geworden sind, das zeigt folgende Kurzfassung der jüngeren Geschichte:

Die erste große Schuldenkrise nach dem Zweiten Weltkrieg ereignete sich Anfang der 1980er-Jahre, als einige lateinamerikanische Staaten ihren Schuldendienst einstellten. Das Finanzsystem kam dadurch in deutliche Schwierigkeiten, da ein tatsächlicher Ausfall eines Schuldners schnell das Ende des Systems bedeuten kann. Es lebt ja nur davon, dass immer mehr Schulden aufgenommen werden. Findige »Experten« kamen in dieser Zeit auf die scheinbar geniale Idee, den Staatsbankrott der betroffenen Länder einfach durch neue Kreditvergabe hinauszuzögern.

Es wurden sogenannte Umschuldungsprogramme entwickelt, die folgendermaßen funktionierten: Die Zinsforderungen wurden durch neue Kredite bezahlt und die vorhandenen Schulden wurden schrittweise bei Großbanken in Anleihen verwandelt. Tatsächlich schien das Konzept aufzugehen, denn die damalige Schuldenkrise beruhigte sich wieder und über ein Jahrzehnt herrschte scheinbare Ruhe.

Doch auch hier war die Verschiebung der Problemlösung nicht ohne Opfer geblieben. Die Bankenkrise des Jahres 1980 hatte allein in Argentinien die Hälfte des Bruttoinlandsproduktes eines Jahres gekostet.[58] Daran wird deutlich, wie deflationär Krisen wirken.

Doch das Trauerspiel war noch nicht zu Ende. Die Initiatoren waren auch dafür verantwortlich, dass sich gerade aufgrund der ständigen Umschuldungsprogramme die Schulden der aufstrebenden Staaten durch den Zinseszinseffekt in kurzer Zeit vervielfachten.

So kam es, wie es kommen musste! Im Jahr 1994 folgte die nächste, im Ausmaß noch bedrohlichere, Schuldenkrise in Mexiko. Wieder wurden die Probleme durch schnelle Vergabe von Krediten nach altem Muster unter den Tisch gekehrt. Später musste der beteiligte Internationale Währungsfond (IWF) eingestehen, dass damals ein Systemrisiko bestanden habe und dies schnell in eine »echte Weltkatastrophe« hätte führen können.[59] Schon diese beiden Schuldenkrisen beeinflussten viele Länder weltweit in erheblichem Ausmaß.

In der jüngsten Vergangenheit mussten von 181 IWF-Mitgliedsländern nicht weniger als zwei Drittel eine oder mehrere Bankenkrisen durchstehen. Von 1980 bis 1996 kosteten die Schwierigkeiten in den Entwicklungsländern 250 Milliarden Dollar.[60] Nun beschleunigte sich die Entwicklung der unter dem Schuldenberg zusammenbrechenden Staaten in atemberaubendem Ausmaß, was sich daran zeigte, dass bereits im Jahr 1997 wieder ein Staat vor dem Ende stand, und zwar Thailand.

Jetzt rächten sich die vermeintlichen Lösungsmodelle. Im Zuge der Mexikokrise gab es in Asien einen Scheinaufschwung, verbunden mit einer hohen Auslandsverschuldung.[61] Sofort wurde eine ganze Region von der Schuldenkrise erfasst, u. a. Südkorea und Indonesien. Später wurde sogar die halbe Welt davon berührt. Nur schnelle und hohe Kreditvergaben des IWF konnten einen akuten Zusammenbruch verhindern.

Bereits ein Jahr später war es wieder so weit: Russland musste die Bedienung seiner Schulden hinauszögern oder ganz einstellen. Somit war nun, neben Südostasien, ebenso der ganze Ostblock blitzartig in der Schuldenfalle gefangen. Schon wenige Monate später folgte wieder Lateinamerika, in erster Linie Brasilien, als dort einige Bundesstaaten den Schuldendienst einstellen mussten. Wieder wurden keine Probleme gelöst, sondern nur in den Hintergrund verschoben. Deutlich wurde dabei, dass Brasilien weltweit die größten Auslandsschulden hat. Diese betragen, zusammen mit auf Dollar lautenden Inlandsschulden, fast eine halbe Billion Dollar.[62]

Als nächstes Land kam dann Ecuador Ende 1999 unter die Räder und musste seinen Schuldendienst einstellen. Unter dem Druck von IWF und Weltbank stimmte die Regierung der Einführung des US-Dollars als Zahlungsmittel zu, obwohl dies die Bevölkerung weiter verarmen ließ. Daran wird abermals deutlich, wie Krisen und die dadurch erzwungenen Sparprogramme in den betroffenen Ländern deflationär wirken.

Dass die alten Lösungsrezepte nicht mehr funktionierten, zeigte sich spätestens, als im Herbst 2000 Argentinien vor dem Abgrund stand. Der Absturz konnte wiederum nur durch neue Kredite in die Zukunft verschoben werden. Im Frühjahr 2001 schloss sich die Türkei an, der, wie anderen Ländern in der Vergangenheit auch, sofort ein drakonisches Sparprogramm und neue Kredite vom IWF verordnet wurden. Doch schon im Juli 2001 wurde deutlich, dass die alten Maßnahmen in der Türkei nicht mehr wirkten. Die Zinsen stiegen durch den Risikoaufschlag auf über 90 Prozent. Der IWF beantwortete das mit einem Stopp seiner Zahlungen.[63] Daran wird erkennbar, wie dramatisch sich die Lage zugespitzt hatte, denn über 80 Prozent der Staatseinnahmen mussten nur für die Zinszahlungen des gewaltigen Schuldenberges in Höhe von 120 Milliarden Euro aufgebracht werden.[64]

2008 kam es zu der seit der Weltwirtschaftskrise größten Bankenkrise, mit weltweiten Folgen. Ausgehend von den USA, wo die Immobilienblase platzte, wurden beinahe alle Großbanken in die Krise hineingerissen, und zwar durch Verbriefungsgeschäfte und deren geschaffene Abhängigkeiten. Dem folgte im Jahr 2010 die Eurokrise, als Griechenland beinahe seine Zahlungsunfähigkeit eingestehen musste. Auch hier wird deutlich, wie sehr solche Krisen eine nicht aufzuhaltende Deflationsspirale auslösen können.

An der rasanten Entwicklung der Schuldenkrisen wird das zunehmende Tempo derartiger Ereignisse deutlich, denn es kommen immer schneller immer mehr Länder und ganze Regionen unter die Räder. In immer kürzeren Zeitabständen, nahezu exponenziell, brechen nun Staaten unter der Schuldenlast zusammen, wobei die Ausmaße der Problematik zunehmend größer werden. Damit funktionieren auch die alten Lösungsrezepte wie Umschuldung, Sparmaßnahmen und neue Krediten immer weniger. Eine weltweite Schuldenkrise ist damit in greifbare Nähe gerückt. Und sie könnte ein solches Ausmaß erreichen, dass alle Rettungsversuche von vornherein zum Scheitern verurteilt wären.

Was würde passieren, wenn ein großer Schuldner tatsächlich einmal ausfällt, also den Schuldendienst einstellt und auch keine Umschuldungsprogramme mehr helfen, weil die Größenordnung, um die es geht, nicht mehr finanzierbar wäre?

Die Deflation – der Schuldenballon platzt

>*Im fanatischen Bemühen, sie (die Inflation; d. Verf.) niedrig zu halten, liegt das beträchtliche Risiko, einige der größten Volkswirtschaften der Welt in eine regelrechte Deflation zu treiben.*«

Peter Warburton, Finanzanalyst[65]

Ein nicht mehr kaschierbarer Ausfall eines großen Schuldners würde weltweit sofort eine ganze Kette von weiteren Bankrotten nach sich ziehen. Den großen Gläubigern und Banken wäre schnell klar, dass, wenn nur einmal ein Kreditrettungsprogramm versagt, es auch in Zukunft versagen muss. Dann werden ab sofort keine Kredite mehr vergeben oder nur noch gegen sehr hohe Zinsen. In einer derart unsicheren Situation wird der Gläubiger versuchen, zu retten, was zu retten ist. Banken werden im weiteren Verlauf Kredite kündigen, um die Risiken zu minimieren. Schuldner werden zunehmend mit immer höheren Zinsen konfrontiert, weil der Gläubiger das gestiegene Verlustrisiko mit einem Risikozuschlag zum Zins ausgleichen möchte.

Ein Beispiel dafür ist Griechenland Anfang 2010: Als bekannt wurde, dass das Land über Jahre hinweg falsche Zahlen zur Schuldenentwicklung veröffentlichte und die Schuldenquote bei fast 13 Prozent im Vergleich zum Bruttoinlandsprodukt lag, stiegen die Zinsen durch immer höhere Risikozuschläge für diese Nation massiv an. Die Rendite von langlaufenden griechischen Staatsanleihen stieg im Jahr 2010 in der Spitze bis auf 12 Prozent, während im Vergleich dazu deutsche Anleihen gerade drei Prozent abwarfen.

Durch dieses Vorgehen geraten jedoch immer mehr Schuldner in die Klemme. Es fehlen weitere Kredite, um alte Schulden zu bedienen, und zusätzlich steigen die Zinslasten, welche nicht mehr aufgebracht werden können. Es kommt also zu einem Teufelskreislauf aus Kreditrückzug, steigenden Zinsen und Schuldenbankrotten. Die Schuldenkrise nimmt dabei immer größere Ausmaße an, was die Gläubiger mit weiteren Krediteinschränkungen und noch höheren Zinsen beantworten und was der Abwärtsentwicklung neuen Schub verleiht. Die Löcher im Schuldensystem werden dabei immer größer – der Schuldenballon platzt.

Weil weltweit Kredite gestrichen sowie Investitionen eingeschränkt werden und sich jedes Geld vom Markt zurückzieht, entsteht plötzlich überall ein Kapitalproblem. Insgesamt entsteht die Neigung, Geld weder zu verleihen noch auszugeben, sondern möglichst die »Schäfchen im Trockenen« zu halten. Die Unternehmen kommen in dieser Situation zunehmend in Schwierigkeiten: Zum einen werden sie von Kreditkürzungen und steigenden Zinsen getroffen, zum anderen macht ihnen der sinkende Umsatz zu schaffen, weil die Kunden immer weniger kaufen. Zwangsläufig brechen in dieser Phase zuerst die kapitalintensiven, hochverschuldeten, später auch die anderen Betriebe zusammen und müssen Konkurs anmelden. Damit verbunden ist eine steigende Arbeitslosigkeit, was wiederum zu einem Kaufkraftverlust in der Bevölkerung führt. Weil die Menschen immer weniger Geld verdienen, müssen sie den Konsum weiter einschränken, was weiter sinkende Unternehmensumsätze zur Folge hat.

Es entsteht eine sich selbst beschleunigende Abwärtsspirale aus Unternehmenszusammenbrüchen, Arbeitslosigkeit, sinkender Kaufkraft, weiter einbrechenden Umsätzen der Firmen und entsprechenden Konkursen.

Im weiteren Verlauf nimmt die Krise noch drastischere Formen an. Weil zunehmend Schuldner wie Unternehmen und Privathaushalte zahlungsunfähig werden, kommen die kreditvergebenden Banken in Schwierigkeiten. Zum einen steigt die Auflösung von Guthaben, weil jeder Sparer in dieser Situation möglichst sein Geld von der Bank abholt, zum anderen können immer mehr Schuldner die Kredite nicht mehr zurückzahlen.

Verhängnisvoll wird in dieser Lage für die Banken, dass sie kurzfristig angelegte Guthaben dafür verwendet haben, langfristige Kredite zu vergeben. Die Bankeinlagen schmelzen dabei schneller dahin, als Kredite wieder eingetrieben werden können. Eine Welle von Bankzusammenbrüchen ist die unmittelbare Folge. Dabei verlieren viele Sparer ihr Vermögen und sind zu weiteren Konsumeinschränkungen gezwungen, was die Unternehmen durch den daraus resultierenden Umsatzrückgang erneut unter Druck setzt.

Ein Ausufern der Finanzkrise von 2008 konnte nur durch drastische Maßnamen in buchstäblich letzter Minute verhindert werden. Durch Absicherungen und Bürgschaften des Staates, letztlich durch die Einlagen der Bürger, wurden die Bankenzusammenbrüche fürs Erste verzögert. Ansonsten hätten sich lawinenartig Folgeprobleme ergeben. Der Staat wird durch die entstehende Massenarbeitslosigkeit überfordert und schränkt deshalb die Arbeitslosenhilfen ein, was wiederum auf die Kaufkraft der Bevölkerung und zugleich auf die Unternehmen durchschlägt. Zusätzlich gehen die Steuereinnahmen für den Staat zurück, weil kaum noch gearbeitet und produziert wird. Der Staat wird dann die Steuern, vor allem die Mehrwertsteuer erhöhen. Das lässt die Wirtschaft noch weiter einbrechen. Ursache ist der Verlust an Massenkaufkraft.

Letztlich können dann auch die Staatsschulden nicht mehr bezahlt werden. Der Bankrott ist die unmittelbare Folge. Dieser ist mit einem Vermögensverlust der Bevölkerung verbunden, da viele Menschen ihr Geld in vermeintlich sicheren Staatsanleihen und Bundesschatzbriefen angelegt haben.

Auch hier wird deutlich, dass in einer Krise niemals eine Inflation, sondern immer eine Deflation droht.

Die Aktienblase

> *»Wer die Vergangenheit nicht kennt,*
> *wird die Zukunft nicht in den Griff bekommen.«*
>
> Golo Mann, Historiker

Die Geschichte der letzten zehn Jahre zeigt deutlich, wie eine platzende Spekulationsblase durch eine andere, noch größere abgelöst wurde. Es begann mit der Aktienblase vom Jahr 2000:

In den 1990er-Jahren wurden Aktien verstärkt beworben und den Kleinanlegern zum Kauf empfohlen, da man angeblich nur Gewinne damit machen könne. Das sollte auch in alle Ewigkeiten so weitergehen, wurde behauptet. Mit großem Werbeaufwand und unter Mithilfe des Schauspielers Manfred Krug wurde in Deutschland die Telekom-Aktie als »Volksaktie« beworben und, wie sich später herausstellte, zu völlig überhöhten Preisen an die Bürger verkauft. Wie schon in der Gründerzeit – aber man lernt ja überhaupt nicht aus der Geschichte.

In den USA war die Situation noch extremer. Dort war fast die Hälfte der Bürger in der Aktienspekulation engagiert. In der Erwartung von ständig höheren Kurssteigerungen wurden immer mehr Aktien gekauft – oft sogar auf Kredit. Diese immer größeren Aktienkredite und der Irrglaube, der Wert des Aktiendepots werde ewig um 20, 30 oder gar 40 Prozent pro Jahr anwachsen, führten dazu, dass die Amerikaner sich reich fühlten und zu einem regelrechten Konsumrausch ansetzten. Durch diesen Konsumrausch und die steigenden Aktienkurse konnte zu der Zeit eine Schuldenkrise und Rezession in den USA und damit der ganzen Welt verhindert werden.

Doch die Aktienspekulationsblase hatte einen Preis: Man konnte den Wert von Aktien nicht unbegrenzt nach oben spekulieren, ohne dass dies auf realem Fundament gründete. Und die Entwicklung von Börsenwert und realem Wert klaffte weit auseinander! Damals stieg weltweit die Börsenkapitalisierung von Unternehmen fast 30 Mal schneller als die reale Wertschöpfung.

Am Ende wurden zum Beispiel in Deutschland kleine, hoch verschuldete Internetunternehmen zu einem höheren Wert gehandelt, als ganze Fluggesellschaften mit ihren Flugzeugflotten. EM.TV beispielsweise war Ende 1999 mit etwa dem Hundertfachen des Unternehmensgewinns an der Börse notiert, was einer Marktkapitalisierung von sieben Milliarden Euro entsprach. Das war genauso viel wie der Börsenwert der Deutschen Lufthansa – mit dem Unterschied, dass EM.TV kaum Sachwerte vorzuweisen hatte, während allein die Flugzeuge der Lufthansa etwa sieben Milliarden Euro wert waren.[66] Im Dezember 1999 übertraf der weltweite Aktienwert erstmals gar den Wert der weltweit produzierten Güter. Im Jahr 1997 waren es 64 Prozent, nachdem es 1989 noch 42 Prozent gewesen waren.[67] Auch das Volumen des in die Börsen investierten Kapitals entwickelte sich exponenziell: 1984 flossen in den Vereinigten Staaten netto 5,4 Milliarden Dollar in Aktienfonds, 1994 waren es 119 Milliarden, 1997 sogar schon 227 Milliarden.[68] Kein Wunder, dass bei diesen Auswüchsen das System schon bald kollabierte.

Kritikern dieser Entwicklung wurde damals vorgeworfen, sie seien Pessimisten und würden nicht erkennen, dass alte Gesetze in der »Neuen Ökonomie« nicht mehr gelten würden. Es ist unglaublich, wenn man im Nachhinein darüber nachdenkt, was seinerseits geschah. Und: Die Menschen lernen nichts daraus.

Schließlich platzte die Blase im Jahr 2000. Und um eine Rezession in den USA zu vermeiden, begann die amerikanische Notenbank *Fed,* die Zinsen massiv zu senken. Das war der Startschuss für die nächste, noch weit größere Blase, die Immobilienblase.

Die Immobilienblase

Angetrieben durch günstige Kredite begannen die Amerikaner Immobilien zu kaufen. Buchgewinne aus den hochgetriebenen Immobilienpreisen bildeten die Grundlage für den landesweiten Konsumrausch. Denn da die Häuser dank der aberwitzigen Nachfrage immer mehr an »Wert« gewannen, gaben die Banken den Hausbesitzern für den gestiegenen Preis zusätzliche Hypotheken. Als Sicherheit dienten somit oft die eigenen vier Wände, die allerdings vielfach selbst auf Pump gebaut waren. Erst durch diese immer neuen Kredite konnten große Bevölkerungsteile überhaupt noch konsumieren. Dabei wurden Immobilien zunehmend nicht mehr gekauft, um darin zu wohnen. Sie waren zum Spekulationsobjekt verkommen.

Der Finanzexperte Marc Faber äußerte sich schon im Jahr 2005 folgendermaßen: »Die neueste Anlagemode, oder besser gesagt Manie, betrifft gegenwärtig in den USA den Wohnungsbau, bei dem in den vergangenen drei Jahren in vielen Küstenregionen, aber insbesondere in Kalifornien und Florida, die Preise um rund 100 Prozent gestiegen sind. Einer in Los Angeles durchgeführten Meinungsumfrage zufolge gehen die Anleger davon aus, dass die Preise von Einfamilienhäusern während der nächsten zehn Jahre um jährlich weitere 22 Prozent zunehmen werden. Damit dürften wir uns in Bezug auf Immobilien in einer ähnlichen Lage befinden, wie wir es im Jahr 2000 im Bereich des Neuen Marktes erlebten. Das böse Ende ist bekannt.«[69]

Das ganze »Spiel« breitete sich weltweit aus. Experten schätzen sogar, dass sich 70 Prozent aller Länder der Welt in einer Immobilienspekulationsblase befanden. Allein von 2000 bis 2005 erhöhte sich der Marktpreis von Wohnimmobilien in den wichtigsten Volkswirtschaften der Welt von 30 auf 70 Billionen Dollar.

In Moskau wurden mehr als 40 Prozent der Immobilien nur deshalb gekauft, um kurzfristig Gewinne zu machen. Experten sprachen bereits von einer beginnenden Spekulationsblase.[70]

In Spanien stiegen die Immobilienpreise so schnell, dass immer mehr Käufer nicht in der Lage waren, die monatlichen Kreditraten zu zahlen. Deshalb gingen die Banken zunehmend dazu über, extrem lang laufende Kredite, bis zu 50 Jahre, zu vergeben, um über die niedrigeren Ratenbeträge neue Käufer anzulocken. So wurden im Jahr 2005 in Spanien fast 740.000 Wohnungen gebaut. Dieser Wert stellte einen neuen Rekord dar. Er war höher als der Wert, der sich aus der Summe der gebauten Wohnungen in Deutschland, Frankreich und England ergab. Die Wohnungspreise hatten sich aus diesem Grund in den vergangenen zehn Jahren mehr als verdoppelt, in den vergangenen 20 Jahren sogar fast verdreifacht. Vor allem gegenüber den Einkommen zeigte sich der Irrsinn dieser Entwicklung. Zwischen 1987 und 2004 stiegen die Wohnungspreise 14 Mal stärker als die Löhne.

Verschlimmert wurde die ganze Situation noch durch die extreme

Verschuldung der Familien. Alle bedeutenden Finanzorganisationen weltweit warnten letztlich vor der Tatsache, dass diese Verschuldung mittlerweile 75 Prozent des spanischen Bruttoinlandsprodukts überstieg. Besonders problematisch war, dass die Kredite nur zu variablen Zinssätzen vergeben wurden. Das heißt, jede Zinserhöhung konnte sofort zu einer Überschuldung der breiten Masse führen. Schon 2004 warnte der IWF vor der Überbewertung der Immobilien und einer plötzlichen Korrektur: Eine platzende Immobilienblase könne die gesamte spanische Ökonomie ruinieren, deren Hauptstütze die Baubranche ist.[71]

Auch in China entwickelte sich eine bedenkliche Immobilienspekulation. Aus dem nahen Ausland strömte Geld in die Metropolen in der Hoffnung auf steigende Preise und eine Aufwertung der chinesischen Währung Yuan. Zwischen 2002 und 2005 verdoppelten sich Schätzungen zufolge die Immobilienpreise im Yangtse-Delta um Shanghai und schossen in Provinzhauptstädten im ganzen Land um immerhin 60 Prozent in die Höhe. Allein im ersten Quartal 2005 kletterten die Wohnungspreise in den wichtigsten 35 Städten um mehr als zehn Prozent.[72] Auch im Jahr 2009 ging es so weiter. Allein die Kredite an den Immobiliensektor kletterten 2009 um 38 Prozent. In den 36 größten Städten Chinas stiegen die Immobilienpreise Anfang 2010 im Jahresvergleich um 32 Prozent.[73]

Die in den meisten Ländern weltweit zum Teil drastisch gestiegenen Immobilienpreise zeigen deutlich, dass mit dem Wirtschaftssystem etwas nicht in Ordnung ist. Preiserhöhungen im Immobilien- und Grundstückssektor können nur dann dauerhaft stabil sein, wenn sie im Gleichschritt mit den Einkommen steigen. Wenn Häuserpreise aber viel schneller steigen, als die Arbeitseinkommen der Bevölkerung, dann bedeutet dies, dass sich die Möglichkeit, ein Haus zu erwerben, für den Durchschnittshaushalt immer mehr verringert. Zwar kann dies vorübergehend kompensiert werden, indem beispielsweise die Kreditvergabe an Häuserbauer erleichtert wird. Jedoch wird das damit erkauft, dass die Überschuldung der Haushalte noch weiter zunimmt.

Es bleibt dabei, trotz aller Werbung für Kredite und Hypotheken können Häuser, wie alle Güter, nur durch Arbeit erwirtschaftet werden. Alles andere geht zulasten der Zukunft und muss früher oder später zu deutlichen Problemen führen. Gesund ist ein Immobilienmarkt nur dann, wenn die Häuser als Wohngebäude gekauft werden. Wird jedoch ein guter Teil der Käufe nur deshalb getätigt, um kurzfristige Spekulationsgewinne zu erzielen, und wird das noch mit Schulden finanziert, so ergeben sich für das gesamte Finanzsystem bedenkliche Instabilitäten.

Um den Markt weiter anzuheizen, wurde in den USA alle paar Wochen in einer anderen Stadt eine riesige Immobilienmesse veranstaltet: die *Real Estate Wealth Expo*. Für 499 Dollar Eintritt wurden die Besucher für die Immobilienspekulation begeistert.[74]

Doch auch nachdem ab 2007 die Immobilienblase in den USA geplatzt war, sind die Probleme noch lange nicht gelöst. Es wartet bereits eine weitere Abwärtswelle, denn die nächste Immobilienblase bahnt sich schon an. Diesmal kommen die Probleme vom Gewerbeimmobilienmarkt. Europas Banken haben den Immobilieninvestoren 2570 Milliarden Dollar, umgerechnet 2000 Milliarden Euro, für den Kauf von Büros oder Einkaufszentren geliehen. Das entspricht dem deutschen Bruttoinlandsprodukt (BIP).

Doch in den nächsten Jahren wird es genau für diese Investments kritisch, denn gewerblich genutzte Gebäude haben weltweit dramatisch an Wert verloren. Die Banken fürchten um die Rückzahlung der Kredite. Immobilienfirmen wie die deutsche IVG oder US-Banken wie *Morgan Stanley* und *Goldman Sachs*, deren Immobilientöchter gerade auch in Deutschland im Boom auf Beutezug gegangen sind, hoffen auf die Verlängerung der Darlehen.

Das Beratungshaus *CB Richard Ellis* schätzt, dass etwa 20 Prozent aller Kredite für europäische Gewerbeimmobilien Makel aufweisen. Vergeben wurden sie zwischen 2005 und 2007, als die Hauspreise ihren Höchststand erreicht hatten. Der Eigenkapitalanteil der Darlehen ist extrem niedrig, das Kreditrisiko der Banken demnach hoch. Das Geld wurde für Immobilien ausgegeben, die einen hohen Leerstand aufweisen und nicht in Toplagen zu finden sind. Wie groß das Risiko des Crashs am Häusermarkt für die Gesamtwirtschaft ist, verdeutlicht eine Studie der Deutschen Bank. So macht das Volumen der Kredite, mit denen Investoren Gewerbeimmobilien gekauft haben, in den USA und Großbritannien fast 30 Prozent des BIPs aus. In Deutschland ist die Quote nur geringfügig niedriger. Da nun viele Kredite auslaufen und umgeschuldet werden müssen, kommt es zu Problemen. Verlängern die Banken die Darlehen gegen mehr Sicherheiten und Eigenkapital, treiben sie die Investoren möglicherweise in den Ruin und müssen die Kredite abschreiben. Bleiben die Konditionen unverändert, müssen sie, wegen des gesunkenen Immobilienwertes, die Darlehen selbst mit mehr Eigenkapital unterlegen. Bereits 2009 bezeichneten die Berater von *PricewaterhouseCoopers* die Kredite deutscher Finanzierer in der Höhe von mehr als 200 Milliarden Euro als faul. Weil viele solche Kredite verbrieft wurden, wird es in den nächsten Jahren kritisch. Viele durch Gewerbeimmobilien grundpfandrechtlich besicherte Commercial Mortgage-Backed Securities (CMBS) laufen erst 2011 bis 2013 aus. Bis dahin aber werden Mieten und Preise kaum wieder Boom-Niveau haben. Die Deutsche Bank befürchtet einen zweiten Schub der Krise, wenn die verbrieften Gewerbeimmobiliendarlehen aus den Boomjahren fällig werden.[75]

Die Immobilienfinanzierer

In Amerika gelangten vor allem die beiden halbstaatlichen Immobilienfinanzierer *Fannie Mae* und *Freddie Mac* zu trauriger Berühmtheit. Banken vergaben in den USA zuletzt Kredite an Personen, die keinerlei Sicherheiten bieten konnten. Manche sprachen sogar davon, dass ihnen der Kredit regelrecht aufgedrängt worden sei. Für die amerikanischen Banken war es allerdings auch sehr leicht, von der Immobilienblase zu profitieren. Sie reichten die Kredite einfach an die beiden halbstaatlichen Immobilienfinanzierer weiter, die diese Einzelschulden in Paketen zusammenfassten und als »Wertpapiere« an Hedgefonds und andere Finanzierer weiterverkauften. Damit wurden jedoch die Risiken nicht, wie behauptet wurde, breit gestreut, sondern es entstanden regelrechte Zeitbomben im Weltfinanzsystem. Denn genau diese angeblich lukrativen Papiere wurden damals von europäischen Banken aufgekauft, die ebenfalls an dem »US-Wunder« teilhaben wollten. Die beiden Immobilienfinanzierer wurden in der Finanzkrise 2008/2009 vom amerikanischen Staat verstaatlicht. Allein dafür wurden drei Viertel und damit ein Großteil des damaligen Rettungspaketes in Höhe von 800 Milliarden Dollar verwendet.

Das Platzen der Immobilienblase

Wie jedem mit gesundem Menschenverstand klar war, musste auch diese Blase bereits nach wenigen Jahren platzen. Bereits im Jahr 2006 warnten Experten der Großbank *Merrill Lynch,* dass für das Jahr 2007 eine 40-prozentige Wahrscheinlichkeit bestehe, durch Platzen der Immobilienblase in eine Rezession zu geraten. In diesem Jahr war nämlich bereits die Hälfte des amerikanischen Wachstums direkt oder indirekt auf die spekulativ gestiegenen Immobilienpreise zurückzuführen.[76] Anfang 2007 begannen die Immobilienpreise zunächst in der Provinz, dann landesweit zu fallen.

Diese Entwicklung zeigte sich binnen kurzer Zeit überall auf der Welt. Schon Mitte 2008 sank in Spanien die Zahl der verkauften Eigenheime um 40 Prozent im Vergleich zum Vorjahr.[77]

Das Gleiche passierte in England. Zuerst sanken die Preise nur um 0,3 Prozent pro Monat, bevor sie im April 2008 um über 2,5 Prozent fielen. Dazu kam, dass es in Großbritannien kaum noch Käufer gab und viele Immobilien schlichtweg unverkäuflich wurden.[78]

Der Immobilienpreisverfall hatte ganz deutlich deflationäre Auswirkungen. Vor allem dämpfte er die Kauflust der Amerikaner ganz offensichtlich. Das ging so weit, wie eine Umfrage ergab, dass Amerikaner sogar bei für sie wichtigen Küchengeräten, wie einem Mikrowellenherd, überlegten, ob sie ihn kaufen sollten oder nicht.

Damit setzte sich ein Kreislauf in Gang, der zur Bankenkrise führte. Ein neuer englischer Begriff kam ins Gespräch, der Kredite mit niedriger Bonität beschrieb: »Subprime«. Aufgrund von Fehlspekulationen mit diesen Subprime-Papieren kam dann eine ganze Reihe von Banken unter die Räder.

Das Märchen vom Aufschwung

Bei der weltweiten Immobilienspekulation war Deutschland eines der wenigen Länder, in denen der Häusermarkt nicht heiß lief. Um auch hier die Bevölkerung ruhigzustellen und ihr vorzugaukeln, der Wohlstand stünde vor der Tür, wurde eine gigantische Werbemaßnahme ins Leben gerufen, das Märchen vom Aufschwung.

Ab 2005 wurde gebetsmühlenartig über beinahe alle Medien verkündet, dass Deutschland sich in einem »gewaltigen Boom« befinde, der auch bald bei den kleinen Leuten ankomme. Laut dieser Propaganda wurde behauptet, dass in der Industrie bereits so viele Aufträge eingegangen seien, dass diese gar nicht mehr abgearbeitet werden könnten, weil das Personal dazu fehle.

Diese Propaganda wirkte so intensiv, dass kritische Stimmen, insbesondere zur weltweit ausufernden Spekulation, in der Bevölkerung kein Gehör mehr fanden.

Ähnliches wiederholte sich im Jahr 2010, als erneut behauptet wurde, dass ein »Aufschwung« bevorstünde.

Der Präsident des Deutschen Instituts für Wirtschaftsforschung (DIW), Klaus F. Zimmermann, erklärte im Sommer 2010: »Es ist also ein Aufschwung auf breiter Front, der für dieses Jahr wohl unvermeidbar zu über drei Prozent Wirtschaftswachstum führen wird«.[79] Ähnlich äußerte sich im Herbst 2010 Prof. Werner Sinn, Chef des Ifo Institutes, als er von einem kommenden »Super-Boom« sprach.

Mit dem angeblichen »Aufschwung« ist es ähnlich wie bei Aktien, die eine Tendenz nach unten haben. Bei jeder auch noch so kleinen Kurserholung wird laut »Aufschwung« geschrien, um abermals gutgläubige Anleger auf das sinkende Schiff zu locken.

Diese Aufschwungspropaganda der Jahre 2007 und 2008 war eine reine Ablenkungsmaßnahme, um vor dem drohenden Kollaps des Finanzsystems abzulenken. Dabei haben sich, wie wir gesehen haben, gerade Aufschwungsmärchen immer als recht sichere Warnzeichen für einen bevorstehenden Crash dargestellt.

Die Bankenkrise mit Deflation beginnt

Mitte 2007 bekamen zwei Hedgefonds der amerikanischen Investmentbank *Bear Stearns* Probleme, weil sie in das Geschäft mit niedrig besicherten Krediten verwickelt waren. Im März 2008 stand *Bear Stearns* gar vor dem Bankrott und musste in einem staatlich geförderten Notverkauf an die *JP Morgan Bank* verkauft werden. Ansonsten wäre das Finanzsystem in erhebliche Schwierigkeiten geraten. Bereits im August 2007 gerieten die ersten deutschen Banken ins Trudeln. Die im Schuldensumpf verstrickte Deutsche Industriebank IKB musste in einer Rettungsaktion vor dem Ruin bewahrt werden.

Der Chef der deutschen Bundesanstalt für Finanzdienstleistungsaufsicht BaFin, Jochen Sanio, warnte damals vor der schwersten Bankenkrise seit 1931, wenn die IKB zusammenbrechen würde. Nach seiner Meinung hatte die Gefahr bestanden, dass der plötzliche Zusammenbruch »bei den Marktteilnehmern eine unerwünschte psychologische Verunsicherung« auslösen könnte.[80]

Nur zwei Wochen danach stand aus den gleichen Gründen die SachsenLB vor dem Ende und musste mit über 17 Milliarden Euro von der Sparkassen-Gruppe gestützt werden.

Später wurde bekannt, dass auch die größten Landesbanken mit 80 Milliarden Euro an diesen Spekulationen beteiligt waren. Allein die WestLB war mit 20 Milliarden Euro in die Immobilienspekulation verwickelt.[81]

Im August 2008 waren schließlich die beiden US-Immobilienfinanzierer *Fannie Mae* und *Freddie Mac* am Ende und mussten vom Staat übernommen werden. Die von den beiden Instituten verwalteten Schulden beliefen sich auf fünf Billionen Dollar, was 3,4 Billionen Euro entsprach.

Mitte September 2008 geriet die 158 Jahre alte Traditionsbank *Lehman Brothers,* eine der fünf größten Investmentbanken in den USA, in Schwierigkeiten und musste Insolvenz anmelden, weil ihr eine staatliche Unterstützung verweigert wurde. Gleichzeitig musste *Merrill Lynch* von der *Bank of America* übernommen werden. Der zweitgrößte Versicherungskonzern der Welt, die *American International Group* (AIG), geriet ebenfalls in Schwierigkeiten.

Im weiteren Verlauf kam das ganze Bankensystem weltweit unter Druck, und in allen Ländern mussten Banken durch Milliardenhilfen gestützt werden. Die Auswirkungen auf Europa und insbesondere den Euro waren verheerend. Dieser Crash verlief wiederum eindeutig deflationär. Zwar konnte durch die milliardenschweren Rettungspakete vorübergehend Vertrauen hergestellt werden, aber nur um den Preis einer gewaltig steigenden Verschuldung der Staaten. Diese Verschuldung führt in der Folge zu höheren Zinslasten, höheren Steuern und Sparmaßnahmen, welche ebenso eine deflationäre Tendenz nach sich ziehen.

Die deflationäre Wirkung der Finanzkrise war auch nicht zu übersehen: So fielen beispielsweise die Großhandelspreise im Juni 2009 im Vergleich zum Vorjahresmonat um 8,8 Prozent.[82]

Das endgültige Ergebnis solcher Deflationen lässt sich ebenfalls in der Geschichte nachlesen: Es ist der Krieg.

DER KRIEG – DIE AUSGEBURT DER DEFLATION

> *»Ich verabscheue den Krieg und sehe keinen Unterschied an Grauen-*
> *haftigkeit zwischen den Bombardierungen Londons, Neapels und*
> *Kölns. Sie alle sind abscheulich für mich. Damit stehe ich nicht allein.*
> *Alle Kapitalisten, die ich kenne, hassen den Krieg genauso wie ich.*
> *Anzunehmen, dass einer von uns wohlüberlegt ein angezündetes*
> *Streichholz in ein Pulvermagazin schleudern würde, damit der Zins-*
> *satz um zwei oder drei Prozent steigt, stünde in krassestem Wider-*
> *spruch zur Natur des Menschen und zu den nackten Tatsachen ... Und*
> *trotzdem folgt auf zweieinhalb Prozent mit der gleichen Gewissheit*
> *Krieg, wie die Nacht dem Tag folgt.«*
>
> **George Bernard Shaw (1856–1950)**

In absehbarer Zukunft ist als Erstes eine Deflation zu erwarten. Aufgrund dieser Deflation und die hierdurch entstehende Armut wird der Nährboden für einen Krieg bereitet. Der irische Dramaturg George Bernard Shaw (1856–1950) sagte einmal: »Ich habe zweimal in meinem Leben erlebt, dass der Zins unter zwei Prozent ging und jedes Mal hat es Krieg gegeben.«

Der Krieg hebt mittels der florierenden Rüstungsindustrie den Zins an und lässt Investitionen wieder interessant erscheinen.

Erst wenn es im Laufe von kriegerischen Auseinandersetzungen zu großen Zerstörungen und Vernichtung von Vermögen gekommen ist, kann es zu einer Inflation kommen. Die Abfolge in der Geschichte war stets so, dass zuerst die Deflation kam, dann der Krieg und danach die Inflation.

So gab es nach der schweren Depression im Jahr 1873 eine 40-jährige Deflation, mit ihrem Höhepunkt im Jahr 1912. Daraus entstand indirekt der Erste Weltkrieg, unter dem die Verschuldung massiv anstieg. Nach dem verlorenen Krieg kam es 1923 zur Hyperinflation in Deutschland. Ähnlich verlief es später: zuerst die Deflation von 1930, dann Krieg und Verschuldung, der dann 1948 der Währungsschnitt folgte.

Eine Hyperinflation kommt niemals, wie oft behauptet wird, aus dem Nichts oder folgt gar einem Crash. Immer kommt zuerst die Deflation und erst viel später kann sich daraus eine Hyperinflation ent-

122

wickeln. Der Krieg spielt dabei im heutigen Systemmechanismus eine zentrale Rolle.

Tatsächlich lassen sich deutliche Parallelen zwischen der damaligen Deflation in der Weltwirtschaftskrise und dem später folgenden Zweiten Weltkrieg zeigen. Durch die Weltwirtschaftskrise kam es vor allem in Deutschland zu einer gewaltigen Massenarbeitslosigkeit. Zudem war das politische System nach dem verlorenen Ersten Weltkrieg und den hohen Reparationsforderungen der Siegermächte äußerst instabil.

Die Bevölkerung verlor bald jede Hoffnung auf eine Besserung der immer schlimmer werdenden Lage, was den radikalen Parteien wie der NSDAP und den Kommunisten deutlichen Zuwachs bescherte. Sieht man sich den Stimmenerfolg der Nationalsozialisten an, so ist eine deutliche Parallele zur Entwicklung der Arbeitslosigkeit zu erkennen (Abb. 13).

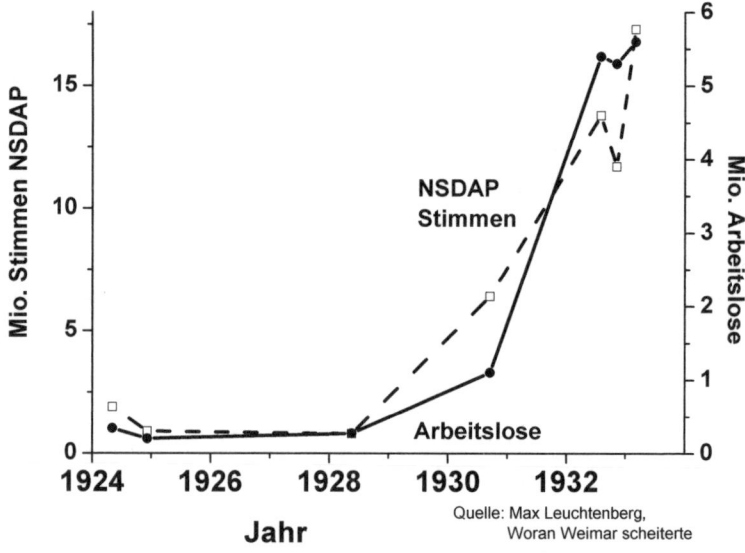

Abb. 13: Entwicklung der Arbeitslosenzahl und der Stimmen für die NSDAP

Die wirtschaftliche Entwicklung in den USA war ähnlich. Die Wirtschaftsleistung sank drastisch und die politischen Entscheidungsträger konnten die Deflation nicht bekämpfen. (Abb. 14) Nach einer kurzfristigen Verbesserung verschlimmerte sich die Lage bis Ende der 1930er-Jahre weiter.

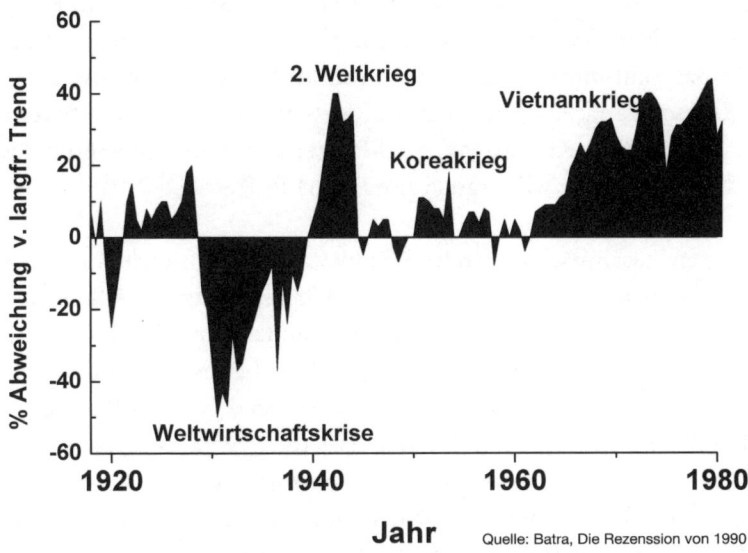

Abb. 14: Wirtschaftliche Entwicklung in den USA

Auffällig ist, dass die Wirtschaftskrise in den USA innerhalb weniger Monate endete. Im Jahr 1939 war die Krise plötzlich vorbei und es begann eine Hochkonjunktur. Dies ist vermutlich darauf zurückzuführen, dass schon vor dem eigentlichen Ausbruch des Zweiten Weltkrieges im September 1939 in den USA großangelegte Rüstungsprogramme hochrentable Investitionsmöglichkeiten für das Kapital schufen und dadurch die deflationäre Abwärtsspirale durchbrochen wurde. Das würde allerdings im Umkehrschluss bedeuten, dass es die USA nur durch den Zweiten Weltkrieg und den Rüstungskonjunkturboom geschafft haben, wieder aus der Deflationskrise herauszukommen. In der Tat bestätigen die Kriege der jüngsten Vergangenheit diese Annahme. Oftmals, wenn eine durch Schulden hergeleitete Wirtschaftskrise aufflammte, konnte diese durch einen Krieg abgewendet werden.

Kriege werden also anscheinend im heutigen System als Konjunkturmotor gebraucht. Da scheint es bedenklich, dass schon seit Anfang 2001, im Zuge einer aufkommenden Rezession in den USA, wieder kräftig in Rüstung investiert wurde. So wurde vom US-Handelsministerium bekanntgegeben, dass es beispielsweise schon im März 2001 einen leichten Anstieg der Auftragseingänge gegeben hätte und deshalb das Schlimmste überstanden sei. Während jedoch überall die Auftragseingänge sanken, stiegen sie ausschließlich in einem Bereich: Die Aufträge für Kriegsschiffe und Panzer kletterten um 936 Prozent und für langlebige Militärgüter um fast 64 Prozent.[83]

Wenn ein zusammenstürzendes Schuldensystem nur durch einen Krieg wieder stabilisiert werden kann, dann bedeutet dies im Umkehrschluss, dass wir parallel zu den wachsenden Schulden- und Zinslasten auch kriegerischeren Zeiten entgegengehen. Überhaupt führen die durch den Schuldendienst immer drückender werdenden Kapitalkosten einschließlich Deflation oftmals dazu, dass die Bevölkerung zur Gewalt greift. Dies war beispielsweise in der Französischen Revolution so, als Frankreich 70 Prozent seiner Steuereinnahmen ausschließlich für den Schuldendienst verwenden musste. Ebenso im Ersten Weltkrieg, als Deutschland für die Eisenbahnanleihen mehr Schuldendienst leisten musste, als das ganze hochgerüstete Heer an Geld beanspruchte.

Dabei sollte nicht vergessen werden, dass für einen überschuldeten Angreifer der militärische Konflikt oftmals den einzigen Weg darstellt, seine Schulden durch Ausschaltung des Gläubigers zu »tilgen«. Ein Land, das immer größere Anteile seines Etats nur für den Schuldendienst aufwenden muss, die Schulden schon mehrmals abbezahlt hat und dessen Schuldenberg trotzdem immer weiter wächst, erkennt schnell, dass es keine Chance hat.

Wie wir schon bei der Schuldenentwicklung der Dritten Welt gesehen haben, sind heute eine ganze Reihe von Ländern in dieser hoffnungslosen Lage. Doch kommt jeder Staat, dessen Geldsystem auf Zins basiert, schon deshalb zwangsläufig früher oder später in die gleiche Lage, weil sich das Wirtschaftswachstum nicht in dem Maße steigern lässt, wie die Schulden durch Zinseszins explodieren. Ein Abbau der Schulden, also eine Tilgung, ist ohnehin nicht möglich, weil Schulden zwar hin- und hergeschoben, jedoch niemals aufgelöst werden können, ohne dass die dahinterstehenden Geldvermögen ebenfalls entwertet werden.

Die Gefahr, dass die alten Rezepte zur gewaltsamen »Schuldentilgung« wieder angewandt werden, ist heute sehr groß. Vergessen wird dabei häufig, dass sich nicht nur die relativ machtlosen Entwicklungsländer, sondern auch hochgerüstete Atommächte in einer Schuldenkrise befinden.

Daher stellt sich die Frage, ob auch heute ein neuer Krieg als Folge einer Deflation denkbar wäre.

Steigende Kriegsgefahr in der Gegenwart

»Nicht wer zuerst die Waffen ergreift,
ist Anstifter des Unheils, sondern wer dazu nötigt.«

Niccolo Machiavelli

In der heutigen Zeit herrscht verbreitet die Meinung vor, dass ein neuer Krieg auf europäischem Boden nicht mehr denkbar sei. Nach dem Ende des »Kalten Krieges« ist kein militärischer Konflikt mehr zu befürchten, so wird oftmals behauptet. Sieht man sich jedoch die Entwicklung der Rüstungsausgaben weltweit an, dann wurde in keiner Zeit so viel gerüstet wie gerade jetzt.

Nach einer Studie des Stockholmer Forschungsinstituts für Internationalen Frieden (SIPRI) nahm der Waffenhandel weltweit allein im Jahr 2008 um vier Prozent auf 1,46 Billionen Dollar zu. Über die vergangenen zehn Jahre stiegen die Rüstungsausgaben damit rund um den Globus um 45 Prozent. Laut der Studie werden weltweit ca. 2000 Atomsprengköpfe in höchster Alarmbereitschaft gehalten und stehen daher immer noch auf Knopfdruck zum Abfeuern bereit. Weiterhin ist nach Schätzungen mehr als das Vierfache davon (8400 Atombomben) grundsätzlich einsatzbereit. Außerdem lagern in den Arsenalen von acht Atomwaffen-Nationen 14.900 weitere Sprengköpfe, die entweder in Reserve oder zur Entsorgung bereit liegen.[84]

An diesen Zahlen wird schon deutlich, dass unsere Zeit alles andere als friedlicher geworden ist. Das Gegenteil ist der Fall, die Rüstungsausgaben werden immer weiter erhöht. Gerüstet wird jedoch nicht, um die Waffen später zu verschrotten, sondern um sie einzusetzen. Wenn es zu einer Wirtschaftskrise mit Deflation kommt, ist die Gefahr groß, dass es wie bei den Kriegen in der Vergangenheit abermals zur bewaffneten Konfrontation kommt. Dabei ist auch ein Krieg in Europa durchaus denkbar.

So sagte der Historiker Arnulf Baring bereits vor vielen Jahren: »Wenn diese Parallele (Deutschland nach dem Ersten Weltkrieg; d. Verf.) stimmt, dann müssen wir uns darauf gefasst machen, dass in Russland eine unverstandene Niederlage zur außenpolitischen Gefahr wird. Noch mal: Es gibt keine Möglichkeit, ein Gebilde dieser Größenordnung von außen zu beeinflussen. Was wir brauchen, ist der kalte, aber nüchterne Blick auf Russland, um die weitere Entwicklung realistisch einzuschätzen.«[85]

Vergessen wird, dass es durch eine schwere Wirtschaftskrise in Russland zu einem Umsturz kommen könnte, der radikale Kräfte an die Regierung bringt. Die Pläne zur Eroberung von Europa existieren nach wie vor und die Verteidigungsfähigkeit des Westens ist mittlerweile so weit reduziert worden, dass sie nur noch einem winzigen Bruchteil der Verteidigungsmöglichkeiten von vor 20 Jahren entspricht.

Russland wäre problemlos in der Lage, seine zahlreichen nicht verschrotteten Mittelstreckenraketen wieder in Dienst zu stellen und damit Westeuropa unter Druck zu setzen. Man sollte auch nicht vergessen, dass Regierungen, die durch verschlechterte soziale Umstände unter innenpolitischen Spannungen leiden, sehr schnell darum bemüht sein können, ein Feindbild aufzubauen und den Druck nach außen abzuleiten. In diesem Zusammenhang steht die russische Regierung unter einem zunehmenden Handlungszwang, noch verstärkt durch die ständigen westlichen Demütigungen in allen Bereichen. In dieser Lage kann es sehr schnell zu einem militärischen Konflikt kommen.

Nicht vergessen werden sollte auch, dass Russland Ende 2009 in einer neuen Militärdoktrin präventive Atomschläge in die Planung aufgenommen hat. Warum eine neue Militärdoktrin notwendig wurde, begründete der ehemalige Geheimdienstchef Patruschew mit der gründlichen Analyse der aktuellen Lage in der Welt und den Perspektiven bis 2020. Darin ist man zum Schluss gekommen, »dass die militärischen Gefahren und möglichen militärischen Bedrohungen für unser Land nicht verschwunden sind«.

Um seinen Interessen Nachdruck zu verleihen, hatte Moskau schon im Sommer 2007 wieder Patrouillenflüge seiner strategischen Atombomberflotte aufgenommen. In einer für die nationale Sicherheit kritischen Situation wird ein Atomschlag gegen den Aggressor nicht ausgeschlossen, auch ein präventiver nicht.[86]

Nun stellt sich die Frage, welche Szenarien für eine kommende Deflationskrise möglich sind.

Die kommende Deflationskrise

Wie wir gesehen haben, befindet sich bereits jetzt weltweit jedes Land in einem Zustand, den man als »latente Zahlungsunfähigkeit« bezeichnen könnte. Die meisten Anleger und Geldgeber haben noch nicht realisiert, dass der Schuldenberg schon lange nicht mehr abzutragen ist. Im Gegenteil, denn die aus den Schulden erwachsenden Kapitalkosten erwürgen jede weitere Entwicklung. Zwangsläufig kommt der Moment, wo nicht einmal mehr die Zinslasten getragen werden können. Und dann ist der Zusammenbruch des Systems unvermeidlich. Beinahe wäre es schon unter der Finanzkrise 2008 und unter der Eurokrise 2010 so weit gekommen.

Solch ein Zusammenbruch wird jedoch nicht einfach aus heiterem Himmel heraus geschehen, sondern der zum Platzen aufgeblähte Schuldenballon bedarf noch eines kleinen Stiches mit einer Nadel, damit er platzt. Es bedarf also für das Entstehen der zwangsläufig kommenden Weltschuldenkrise eines Auslösers. Man kann das Ganze auch mit einer Lawine vergleichen, die erst dann abgeht, wenn ein Windstoß oder Erschütterungen als Auslöser hinzukommen. Als Auslöser für eine Schulden- und Deflationskrise sind drei Szenarien denkbar:

1. Der Zusammenbruch eines kleinen Schuldners und die Übertragung der Krise auf immer größer werdende Regionen und als Folge davon eine Deflation.
2. Schuldenkrise eines großen, weltweit wichtigen Schuldners und das Entstehen großer offener Positionen am Finanzmarkt mit dem Ergebnis Deflation.
3. Ein Auslöser, der nicht unmittelbar mit dem Finanzsystem in Zusammenhang steht.

Diese drei Auslöser sollen im Nachfolgenden erläutert.

Bankrott eines kleinen Schuldners

Solch ein Auslösungsmoment hatten wir in den vergangenen Jahren mehrmals. Sowohl die erste größere Schuldenkrise Anfang der 1980er-Jahre als auch die Mexiko, Asien-, Russland- und Brasilienkrise sowie die Schuldenprobleme in Ecuador, Argentinien und in der Türkei passen in dieses Schema. Besonders die Asien- und Russlandkrise rissen immer mehr kleinere Schuldnerländer in eine tiefe Krise und 1998 wäre es, wie wir gesehen haben, schon fast zum weltweiten Kollaps gekommen. Das Gleiche passierte im Jahr 2010, als Griechenland am Rande der Zahlungsunfähigkeit stand. Das Griechenlandproblem wurde nur durch die Rettungspakete der anderen Eurostaaten eingedämmt. Nach Aussagen aus Finanzkreisen stand jedoch schon im Mai 2010 das gesamte Finanzsystem vor dem Kollaps.

Ansonsten begann die Krise immer durch eine Verzögerung beim Schuldendienst und endete dann schnell im Bankrott einer ganzen Region. Jedoch konnten die internationalen Finanzorganisationen, allen voran der IWF, das Übergreifen des Flächenbrandes auf die ganze Welt durch großzügige Vergabe von Krediten an die betroffenen Staaten vorübergehend abwenden.

Damit konnten zwar kurzfristig die akuten Gefahren eingedämmt werden, doch vergrößerte sich das Schuldenproblem mit der Aufnahme neuer Kredite. Eine weitere, noch heftigere Schuldenkrise wird die unmittelbare Folge sein. In nächster Zukunft wird durch diese scheinbaren »Hilfsprojekte« der Kollaps auch eines kleinen Schuldners solche Ausmaße annehmen, dass die nötigen Gelder für ein weiteres Überbrücken des Finanzlochs einfach nicht mehr aufzutreiben sind. Eine andere Variante wäre ein Szenario, bei dem viele kleinere Schuldenkrisen auf der Welt gleichzeitig aufflammen und die IWF-Feuerwehr diese alle nicht sofort eindämmen kann und deshalb in einer Kettenreaktion (ein Schuldnerstaat kippt nach dem nächsten) die ganze Welt betroffen wäre.

Sobald einmal eine Schuldenkrise ihren Lauf genommen hat, mündet sie, wie wir gesehen haben, unmittelbar in die Deflation.

Egal, wie sich das Ganze in absehbarer Zeit entwickeln wird: Letztlich werden die bisher verschonten Industriestaaten getroffen werden.

Dabei wäre es auch denkbar, dass dies gar nicht erst eines Bankrotts von kleinen Schuldnern bedarf, sondern dass es ein wichtiges Industrieland direkt trifft.

Industrieländer brechen zusammen

Als Kandidaten kommen dafür in erster Linie folgende Regionen in Frage: USA, Japan und der Euroraum.

Amerika

Mit dem Platzen der Immobilienblase fing es im Jahr 2008 bereits in den USA an. Viele Banken gerieten an den Rand des Bankrottes und eine breite Bankenpleitewelle konnte nur durch massive staatliche Stützungsaktionen verhindert werden. Wäre Letztere nicht erfolgt, wäre das Finanzsystem weltweit in Schwierigkeiten geraten. Die Billionen Dollar schwere Auslandsverschuldung ist überhaupt nur durch einen hohen Dollarkurs bezahlbar. Wenn nun internationale Investoren, etwa im Zuge einer Rezession oder eines Börsenkraches in den USA, erkennen, dass die Schulden nicht mehr bezahlbar sind, wird Kapital abgezogen und der künstlich hochgepeitschte Dollar fällt plötzlich und massiv. Damit geraten die Vereinigten Staaten in einen Teufelskreislauf. Weil Kapital abgezogen wird, sinkt der Dollar noch weiter und deshalb wird noch mehr Kapital abgezogen. Zusätzlich werden die Auslandsschulden durch einen fallenden Dollarkurs real aufgewertet, was wiederum die Schuldensituation der USA verschlechtert und einen weiteren Geldabzug herausfordert.

Man muss sich einmal vergegenwärtigen, was es für die Welt bedeutet, wenn Amerika in eine Schuldenkrise gerät. Die US-Volkswirtschaft bindet derzeit nahezu 80 Prozent der weltweiten Ersparnisse und ist zu 30 Prozent am weltweiten Sozialprodukt beteiligt.[87] Durch eine Krise in Übersee gerät damit ein Großteil des weltweiten Anlagevermögens in Gefahr. Deshalb werden alle Investoren versuchen, von dort möglichst schnell und schon am Anfang der Krise das Geld abzuziehen. Dies wird den US-Kapitalmarkt zusammenbrechen lassen. Dazu kommt, dass die USA gegenwärtig mit einer nie da gewesenen Verschuldung belastet sind. Amerika weist sowohl ein Rekordhaushalts- als auch ein Handelsbilanzdefizit auf. In der Asienkrise 1998 sprach man bei einem Handelsbilanzdefizit von durchschnittlich drei Prozent im Vergleich zum Bruttoinlandsprodukt (BIP) von einem »untragbaren Defizit«. Demgegenüber haben jedoch die USA heute ein siebenprozentiges Handelsbilanzdefizit. Auch das Haushaltsdefizit liegt im Vergleich zum BIP mit fast zehn Prozent schon bald nahe dem Wert von Griechenland mit 13 Prozent.

Mit diesen Ungleichgewichten sind die USA nach wie vor extrem gefährdet, in eine neue Schuldenkrise mit Deflation zu geraten. Angesichts der jetzigen Überschuldung wird die Krise jedoch nicht mehr mit Rettungspaketen abgefangen werden können.

Weil die größten Banken der Welt alle mit den USA verzahnt sind, wird sich die Schuldenkrise schnell nach Japan und Europa ausbreiten. Die kleinen überschuldeten Länder werden somit durch den Kreditabzug ebenfalls zusammenbrechen.

Japan

Wie wir bereits gesehen haben, ist in Japan vor allem der Staat durch unzählige wirkungslose Konjunkturprogramme in einer Schuldenfalle gefangen. Der Vizepräsident von *Goldman Sachs* in Asien, Kenneth Curtis, wies bereits darauf hin, dass seit den 1930er-Jahren kein großes Land mehr vor solchen Problemen gestanden hätte. Offiziell bezifferte er bereits 2001 die reine Staatsverschuldung auf 150 Prozent, bezogen auf das Bruttoinlandsprodukt. Die Gesamtverschuldung soll sogar, nach konservativen Schätzungen, bei über 480 Prozent des BIP liegen.[88] Derzeit liegt die Verschuldung in Japan bei über 200 Prozent in Relation zum BIP. Wenn die Zinsen auch nur geringfügig, wie in Griechenland durch steigende Risikozuschläge in einer Krise, steigen, ist das Land sofort bankrott.

Eine Schuldenkrise ist bisher nur deshalb noch nicht voll ausgebrochen, weil das Zinsniveau in Japan sehr niedrig gehalten wurde. Die Wirtschaft kommt jedoch nicht wieder in Schwung, weil niemand ins heutige Finanzsystem ohne Erwartung einer Rendite investiert. Früher oder später kommt jedoch der Moment, in dem das Zinsniveau anzieht. Das wird spätestens dann der Fall sein, wenn die wirtschaftlichen Spannungen weltweit einen höheren Risikozuschlag zum Zins erzwingen. Dann ist allerdings schnell der Moment erreicht, an dem die hohe Verschuldung für den Staat nicht mehr tragbar ist, der Staatsbankrott also unvermeidlich wird. Daneben bekommen bei steigenden Zinsen auch die Banken Probleme, weil der Berg fauler, uneinbringlicher Kredite durch vermehrte Unternehmenspleiten weiter anwächst. Eine Schuldenkrise ist also kaum mehr abwendbar.

Fällt Japan aus, so kommt es sehr schnell zu weltweiten Kapitalbewegungen, weil viele schwerreiche Japaner ihr Vermögen in den USA angelegt haben. In der Krise werden sie das Geld möglichst schnell ins Heimatland zurückholen, was zur Folge hat, dass der Dollarkurs fällt und Amerika sofort als weltgrößter Schuldner in Bedrängnis gerät. Überdies steigert sich durch den gefährlich sinkenden Dollar die hohe amerikanische Auslandsverschuldung. Eine Schuldenkrise in den USA ist die Folge, in deren Verlauf auch Europa Probleme bekommt.

Eurostaaten

Ein weiterer Kandidat für eine kommende Deflation ist der Euroraum. Weil die am Euro teilnehmenden Länder wirtschaftlich extreme Ungleichheiten aufweisen, bauen sich intern steigende Spannungen auf. Die Folge sind immer größere Handelsbilanz-Ungleichgewichte. Diese bewirken, dass sich die ehemaligen Schwachwährungsländer gegenüber den starken Staaten immer höher verschulden müssen.

Im Jahr 2010 kam es durch Griechenland zur ersten Eurokrise. Während jedoch Griechenland gerade knapp drei Prozent der Wirtschaftsleistung in Europa erbringt und dementsprechend noch einmal gerettet werden konnte, ist die Situation bei den anderen ehemaligen Schwachwährungsländern viel riskanter. So ist Spanien in Europa das viertstärkste Land. Eine Pleite dort lässt sich nicht mehr mit Geldern anderer Staaten beheben. Da die Spannungen immer größer werden, ist es nur eine Frage der Zeit, bis Spanien kollabiert. Die dann entste-

hende Schuldenkrise droht den ganzen Euroraum in die Tiefe zu rei-
ßen, was internationale Folgen haben wird. Doch braucht es gar nicht dazu zu kommen, um eine Weltschuldenkrise auszulösen, denn auch ein externer Auslöser kann sie hervorrufen.

Externer Auslöser für die Deflation

Als externe, nicht direkt mit dem Schuldenproblem verbundene Auslöser für eine Schuldenkrise mit folgender Deflation gibt es eine Viel-
zahl von Möglichkeiten, z. B. durch Spekulation auf steigende Ölpreise.
Die gesamte Weltwirtschaft wird hiervon getroffen. Die Auswirkungen wären Unsicherheit, steigende Zinsen und vermehrte Unterneh-
mensbankrotte. Die Verschärfung der Schuldensituation würde letztendlich auf eine Weltschuldenkrise hinauslaufen.

Daneben ist auch die Entstehung eines neuen Krieges, beispielsweise
im Nahen Osten, denkbar, der neben explodierenden Ölpreisen (durch
Ausfall der Ölförderstaaten) ebenso zu steigenden Zinsen und dem
oben beschriebenen Ablauf führen muss.

Den gleichen Effekt hätte eine Naturkatastrophe, etwa ein Erdbeben
in Japan, das zu großen Schäden und in der Folge zu einem hohen
Kreditbedarf führen würde. Hierdurch würde weltweit das Zinsniveau
kräftig erhöht.

Es könnte für den japanischen Staat der letzte Tropfen sein, der das
Fass zum Überlaufen bringt. Die Folge wäre eine Weltschuldenkrise,
wie oben beschrieben.

Es sollte deutlich geworden sein, dass es an Auslösern für das Platzen des Schuldenballons nicht mangelt. Je weiter nun dieser Ballon
durch Zins und Zinseszins aufgeblasen wird, umso labiler wird das
ganze System und umso geringere Anlässe reichen letztlich, dieses zusammenbrechen zu lassen. Das folgende Szenario soll helfen, sich diesen Vorgang besser vorstellen zu können.

Szenario – die Welt am Abgrund

In der Welt entwickeln sich zu Beginn des dritten Jahrtausends zunehmend Ungleichgewichte. Auf der einen Seite gibt es Superreiche, die durch Spekulationen immer reicher werden, auf der anderen Seite hat es der Großteil der Bevölkerungen durch die hohen Staatsverschuldungen immer schwerer, den Lebensstandard zu halten. Alle vollmundigen Versprechen aus Politik und Wirtschaft erweisen sich als leere Floskeln. Spätestens als die weltweite Schuldenkrise einsetzte, sollte auch der letzte optimistische Träumer begriffen haben, dass das System auf Sand gebaut ist.

Die Krise begann damit, dass ein großes Bankhaus in den USA auf einem Berg von faulen, uneinbringlichen Krediten sitzenblieb, die durch zunehmende Unternehmenspleiten im Zuge einer Rezession entstanden waren. Dies führte dazu, dass auch die Liquidität anderer Banken von den Investoren kritisch hinterfragt wurde. Hier zeigte sich das gleiche Bild. Für die internationalen Geldanleger war dies das Signal, sofort das Anlagevermögen aus den USA abzuziehen. Dieser Geldrückzug entwickelte immer mehr panikartige Züge und der Dollar begann sehr schnell gegenüber anderen Währungen zu fallen.

Durch den Dollarverfall wurden immer mehr Anleger dazu motiviert, ihre Vermögensanlagen in den USA aufzulösen, schon allein deshalb, weil hohe Wechselkursverluste drohten. Weil Kapital abgezogen und Positionen aufgelöst wurden, standen auch die Schuldner, Unternehmen und Privathaushalte unter Druck, denn die Kredite wurden zurückgefordert. Damit wurde der Berg uneinbringlicher Schulden immer größer. Die Gläubiger mussten hohe Vermögensverluste hinnehmen. Vor allem jedoch brachen immer mehr Banken zusammen. Durch den Ausfall vieler US-Banken gerieten auch die Finanzinstitute in Europa und Japan in die Bredouille, sodass sich auch hier die Schuldenspirale fortsetzte. Es zeigte sich bald, dass die Rettungsprogramme der Jahre 2008/2009 das Desaster nur für kurze Zeit in die Zukunft verschoben hatten.

Weil die Industriestaaten zunehmend unter Druck gerieten, wurden weltweit die Schulden der Entwicklungsländer eingefordert, was dort den sofortigen Bankrott bedeutete. Weltweit wurde nun das Geldkapital zurückgezogen und ähnlich wie in der Weltwirtschaftskrise der 1930er-Jahre war das Ende eine Deflation, die in der Depression endete, mit Massenarbeitslosigkeit, Armut, Elend, Unruhen und Krieg.

Angesichts der fatalen Folgen einer Deflation stellt sich die Frage, wie denn eine Lösung aussehen könnte.

Geradezu katastrophal sind hier allerdings die durch das Inflationsmärchen aufgebauten Forderungen nach einer Goldwährung. Die Verfechter dieser Währung behaupten, dass die heutige Wirtschaftskrise nur durch »hemmungsloses Drucken von Geld« entstanden sei und dem nur mithilfe einer Goldwährung begegnet werden könnte. Das ist jedoch, wie wir aus der Vergangenheit lernen konnten, noch viel schlechter als jede andere Geldform.

Statt nach einer sinnvollen Lösung zu suchen, bemühen sich die Volkswirtschaften, das jetzige Geldsystem mit all seinen katastrophalen Entwicklungen zu rechtfertigen. Es ist geradezu erschreckend, welche Argumente dabei vorgetragen werden.

Vom Regen in die Traufe – die fatale Goldwährung

»Ich halte den Goldstandard für einen solchen Unfug, dass ich mit der Frage ›Was halten Sie vom Goldstandardsystem?‹ Volkswirte und Fachleute auf ihr wirtschaftliches Verständnis teste.«

Andre Kostolany

Es besteht die Gefahr, dass im Zuge einer weltweiten Finanzkrise ein eigentlich überwunden geglaubtes Währungsmodell zurückkommt, der Goldstandard. Alternativ wäre eine Währung mit Goldmünzen denkbar. Beides ist jedoch gleich ungeeignet und wird im weiteren Text als Goldgeld bezeichnet. Je mehr das Vertrauen in die Währungen erschüttert wird, umso mehr rufen viele Menschen nach einer vermeintlich »stabilen« Goldwährung und treiben damit den Teufel mit dem Beelzebub aus.

Thorsten Polleit, Chefvolkswirt von *Barclays Capital,* schlug beispielsweise solch eine Maßnahme vor, um die Probleme zu lösen. Es wurde sogar schon eine Partei gegründet, um wieder Gold als Währung einzuführen. Auf den ersten Blick wirkt eine Goldwährung insofern gut, als Gold für »Stabilität« steht und viele Menschen von dem Wert des Goldes überzeugt sind nach dem Motto: »Dann hat Geld endlich wieder einen Wert« oder »Meine Großmutter hat auch schon gesagt: Gold ist immer etwas wert«. Kaum bekannt ist den meisten Menschen hingegen, dass eine Währung auf Goldbasis noch viel instabiler ist als das heutige Papiergeldsystem.

Die Probleme bei einem weltweiten Goldstandard sind nämlich nahezu die gleichen wie beim Euro: Es werden Wechselkurspuffer beseitigt, und die Länder, die noch einen Anpassungsmechanismus haben, verlieren ihn. Dadurch entstehen Spannungen, die das System letztlich zum Einsturz bringen. Doch schon die Argumente für eine Goldwährung sind falsch.

138

Massive Verschuldung trotz Goldstandard

Vielfach wird behauptet, mit einer Goldwährung gäbe es keine Staatsverschuldung mehr. Wie die Geschichte jedoch zeigt, waren gerade zur Zeit des Goldstandards die größten Exzesse bei der Schuldenaufnahme zu beobachten.

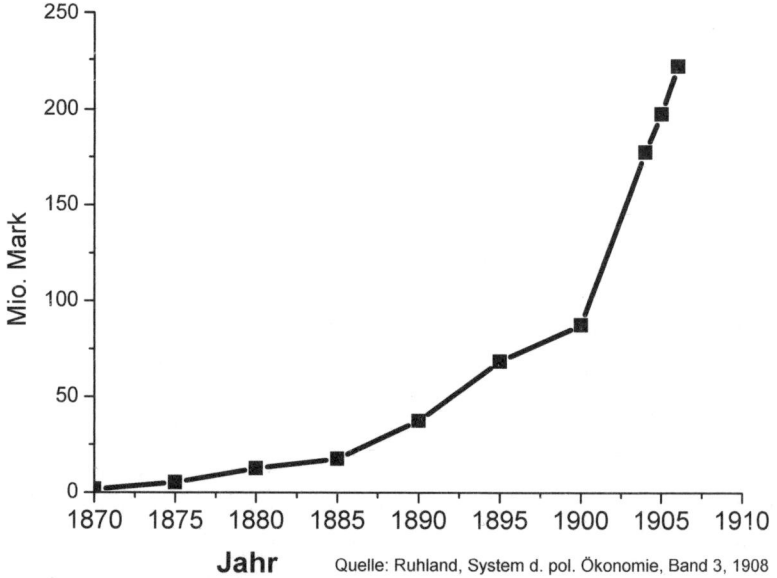

Abb. 15: Massive Ausweitung der Kommunalschulden zur Zeit des Goldstandards

Ein Goldstandard bremst keineswegs die staatliche Schuldenaufnahme. Es werden dann eben Papierschulden lautend auf Gold gemacht. Ebenso kann ein Goldstandard keinen Krieg verhindern, wie ebenfalls fortwährend behauptet wird.

Im Gegenteil! Der Goldstandard von 1873 legte durch die massive Verarmung der Bevölkerung überhaupt erst den Grundstein für den Ersten Weltkrieg, ebenso wie der Goldstandard von 1924 die Weltwirtschaftskrise verursachte und letztlich zum Zweiten Weltkrieg führte.

Goldgeld führt zur Massenarmut

Die Goldwährung und der Goldstandard lösen keine Probleme, sondern schaffen nur neue. Die Probleme beginnen damit, dass die meisten Länder weltweit überhaupt kein oder nur sehr wenig Gold besitzen. Egal, ob Goldwährung oder Goldstandard, die meisten Länder der Welt wären gezwungen, sich Gold von den wenigen Großgoldbesitzern der Welt zu deren Bedingungen und entsprechend hohen Zinsen zu leihen, um einen entsprechenden Gegenwert für ihr Geld zu erhalten. Selbstverständlich müssten diese Summen ständig und in immer höherem Maße »bedient« werden. Alles, was wir heute an Belastungen durch den Zinsmechanismus haben, würde sich sogar noch weiter verstärken, weil die Beschaffung des Goldes noch zusätzlich finanziert werden müsste.

Gegenwärtig kann ein verarmter Staat wie Bangladesh durch Papiergeld mit wenig Aufwand ein eigenes Geld schaffen, das den Warenaustausch im Land sicherstellt. Was sollen diese Nationen machen, wenn sie Gold dafür benötigen?

Eine noch größere Verarmung auf der Welt wäre die logische Folge. Nicht umsonst waren die Zeiten der Goldwährungen auch immer die Zeiten, in denen die Massenarmut am größten war. Es waren die Epochen mit Kinderarbeit, 16-stündigem Arbeitstag, niedrigen Löhnen und Elend.

In welchem Ausmaß Goldgeld zu Krisen führt, zeigen die großen Depressionen der letzten 150 Jahre. Immer kam es zu einem Rückzug des Goldes und damit zu einer Deflation. Auch die alten Kulturen der Antike sind an diesem Mechanismus zugrunde gegangen.

So wurde im alten Rom in Krisenzeiten das Silbergeld gehortet und der Wirtschaft entzogen. Dies führte zu mehreren Geldverknappungen und Wirtschaftskrisen. Die schon vorhandene Wirtschaftskrise wurde durch den Geldentzug noch weiter verstärkt und es kam zur Deflation. Der Bürgerkrieg am Ende der Republik ging auch an der Geldwirtschaft nicht spurlos vorüber, und Caesar musste die zerrüttete Währung durch Neueinführungen des Aureus und Wertveränderungen gegenüber dem Denar stabilisieren. Kaiser Augustus setzte dieses Werk fort und schuf das für die nächsten beiden Jahrhunderte gültige

Wertsystem von einem Aureus, der 25 Denare bzw. 100 Sesterzen entsprach. Doch die Reihe der Probleme geht noch weiter.

Goldgeld verhindert Wechselkurspuffer

Wenn alle Länder am Gold hängen und die Währungen fix an eine Goldmenge gekoppelt wurden, ist keine angepasste Währungspolitik mehr möglich. Alles hängt dann am Goldpreis. Die schwächeren Länder bluten dabei regelrecht aus. Die Resultate lassen sich anhand der Finanzkrisen der letzten Jahre studieren. Egal, ob Asien-, Russland- oder Argentinienkrise – die Probleme begannen mit fehlenden Wechselkurspuffern. Unterschiedliche Länder brauchen unterschiedlich angepasste Währungen, ohne an der Goldkette zu hängen.

Mit einem Goldstandard hätten wir weltweit solche Probleme, die wir heute mit dem Euro haben. Es würde zu ständigen Spannungen zwischen den Staaten kommen, weil es keine freien Wechselkurse mehr gibt, die zu einem Ausgleich führen könnten.

Das wohl größte Problem unserer Zeit, das Geld vom Zins zu trennen, wird mit einem neuen Goldstandard unmöglich.

Eine Goldwährung ist immer zinsbehaftet

Das Problem beim Zinsgeld ist, dass es exponenziell die Schulden vermehrt. Zuletzt müssen Schulden gemacht werden, nur um die Kapitalkosten zahlen zu können. Goldgeld ist jedoch keinesfalls eine bessere Lösung, denn es ist ebenfalls immer eine Form von Zinsgeld. Wer erkannt hat, dass jedes Zinssystem rein mathematisch in den Abgrund führt, muss auch einsehen, dass Gold ebenso wenig eine Lösung ist. Gold lässt sich beliebig lange horten und verdirbt nicht, deshalb wird es niemand ohne eine »Belohnung« freiwillig zinsfrei verleihen.

Beispiel: Ein Geschäftsmann braucht einen Kredit, um nötige Maschinen etc. zu kaufen. Also geht er zum reichen Goldgeldbesitzer und

leiht sich 1000 Goldtaler. Dieser verlangt selbstverständlich einen deftigen Zins, weil er weiß, dass sein Gold noch lange in seinem Tresor
bleiben kann, der Unternehmer jedoch auf glühenden Kohlen sitzt
und das Geld dringend braucht. Deshalb kann der Goldgeldinhaber
einen Zins erpressen – leistungslos, versteht sich.

Nach diesem Schema läuft das ganze Gold-Geld-System ab, in dem
sich immer höhere Goldforderungen aufbauen, ganz entsprechend
der Zinseszinsrechnung.

Das System scheitert genauso wie unser heutiges, nur mit dem nicht
unwesentlichen Unterschied, dass man Papiergeld wenigstens noch
nachdrucken und so das System länger aufrechterhalten kann, während bei einer mit Gold gedeckten Währung alle ganz schnell bankrott
sind, mit Ausnahme des reichen Goldgeldbesitzers.

Nochmals: Goldgeld ist IMMER eine Form von Zinsgeld, weil niemand Gold ohne Zins herausgibt. Demgegenüber lässt sich Papiergeld
so gestalten, dass es freiwillig auch zinsfrei weitergegeben wird und
damit stabil ist. Gerade die Unvergänglichkeit und damit beliebige
Hortbarkeit von Gold führt dazu, dass sich die Goldwährung sofort
dem Umlauf entzieht, sobald die Verzinsung des Kapitals sinkt.

Entsprechend schneller noch als heute werden die Reichen reicher,
die Armen ärmer. Auch für die gesamte Wirtschaft ist Goldgeld alles
andere als vorteilhaft.

Eine Goldwährung verhindert eine flexible Wirtschaftssteuerung

In einer stabilen Wirtschaft muss die umlaufende Geldmenge parallel
zur steigenden Wirtschaftsleistung zunehmen, da mehr erzeugte Waren auch gleichzeitig mehr Tauschmittel benötigen. Goldgeld lässt sich
einer sich ändernden Wirtschaftsleistung nicht flexibel anpassen, da
sich die Goldförderung nicht einfach der Wirtschaftsleistung entsprechend erhöhen lässt.

Das bedeutet, dass womöglich die Wirtschaft wachsen würde, nicht
jedoch die entsprechende Geldmenge. Damit würde Geld relativ zu
den Waren seltener und damit wertvoller, die Preise würden fallen, es

gäbe eine Deflation. Eine einmal in Gang gekommene Deflation ließe sich nicht mehr stoppen, denn es entstünde ein Teufelskreis aus fallenden Preisen, rückläufigen Unternehmensgewinnen, Firmenpleiten, Arbeitslosigkeit, sinkender Kaufkraft, weiter einbrechenden Unternehmensgewinnen. Am Ende muss eine Deflation zur Wirtschaftskrise führen und letztlich zum Krieg um Gold. Das war auch der Grund für die fast vollständige Ausrottung der Indianer auf dem amerikanischen Kontinent, denn vor allem die Spanier wollten das Gold der Inkas und Azteken für die eigene Geldherstellung erbeuten.

Wie sagte der griechische Philosoph und Mathematiker Pythagoras schon im sechsten Jahrhundert vor Christus: »Ehret Lykurg, denn er ächtete das Gold, die Ursache aller Verbrechen!« Lykurg, ein antiker König der Spartaner, ließ erstmals mit Erfolg Geld aus Eisen machen.

Eine Goldwährung führt zur Diktatur

Sollte der Geldwert weltweit an Gold gekettet werden, bekämen die wenigen großen Goldproduzenten und Besitzer eine ungeheure Macht. Ihnen bliebe es dann überlassen, die Weltwirtschaft aufblühen oder untergehen zu lassen, je nachdem, wie sie die Goldmenge oder den Goldpreis manipulieren. Das Goldgeld würde dabei ganz schnell in eine neue Form von Diktatur führen, die Herrschaft des Goldes.

Nachteile der Goldwährung

Mindestens fünf wesentliche Nachteile sprechen gegen eine Goldwährung:

1. Gefahr einer Deflation, weil das Gold, das zur Währungsdeckung benötigt wird, durch Hortung dem Markt entzogen wird und sich nicht einfach beliebig neue Goldquellen erschließen lassen – mit einer Goldwährung ist somit kein Wirtschaftswachstum möglich.

2. Sobald sich auch nur der geringste Anschein einer Krise abzeich-

net (wie beispielsweise nach dem Terroranschlag in New York vom 11.09.2001), zieht sich das Goldgeld sofort vom Markt zurück, und die Wirtschaft taumelt in eine sich selbst verstärkende Deflationsspirale, ohne dass irgendjemand etwas dagegen unternehmen könnte.

3. Schwache Länder bluten aus, da sie sich kein Gold leisten können bzw. keines besitzen. Ohne ausgleichende Wechselkurspuffer fließt das Kapital nämlich immer von den schwachen in die starken Länder.

4. Weil es keine Ausgleichsmechanismen zwischen den unterschiedlichen Ländern mehr gibt, wird alles über einen »Goldkamm« geschoren.

5. Es entsteht ein Machtproblem: Dabei erlangen die wenigen großen Goldbesitzer komplette Macht über das weltweite Geld und die davon abhängige Menschheit, es entsteht eine Diktatur des Goldes. Es obliegt einer winzigen Minderheit, ob die Wirtschaft funktioniert oder nicht.

Goldgeld ist kein gutes Tauschmittel

Die hohe Meinung von einem Goldgeld in der Bevölkerung beruht auf einer völlig falschen Vorstellung von der Funktion des Geldes. Viele Menschen meinen, Geld an sich muss einen stofflichen Wert haben, übersehen jedoch, dass die dem Geld gegenüberstehenden Waren die einzige wirkliche Deckung sind.

Geld ist ein Gutschein, der den Erwerb von beliebigen Waren und/ oder Dienstleistungen ermöglichen soll. Im Endeffekt geht es in jeder Wirtschaft nur darum, dass Waren und Dienstleistungen gegeneinander ausgetauscht werden. Geld ist also nichts weiter als ein **Tauschvermittler**. Wenn dieser Gutschein jedoch einen Eigenwert besitzt, dann wird er um seiner selbst willen gehortet und erfüllt nicht mehr seine eigentliche Aufgabe als Tauschvermittler. Oder glauben Sie, ein Kaufhausgutschein aus Gold würde tatsächlich seinen Zweck erfüllen und Käufe der Kunden fördern?

Falsche Wertvorstellungen

In der weiteren Diskussion verweisen die Befürworter einer Goldwährung immer gerne darauf,»dass Papiergeld keinen Wert« habe. Übersehen wird dabei, dass es absolute Werte gar nicht gibt. Auch Gold kann wertlos werden. Ein Verdurstender in der Wüste würde ein Glas Wasser einem Goldbarren vorziehen. Er würde alles Gold der Welt für das »wertlose« Glas Wasser geben!

Gold taugt allenfalls dafür, Vermögen über eine längere Krisenzeit zu bringen, um dann in einer fernen, künftigen Aufschwungsphase wieder davon profitieren zu können. Dabei wird jedoch übersehen, dass der Goldbesitzer erst einmal die lange Deflationsphase überstehen muss und Gold lange Zeit nur einen geringen Wert haben wird. Gerade aber während der Deflation fehlt ihm die Kaufkraft seines Goldschatzes zum Überleben.

Goldgeld als Ablenkung vom Systemfehler

Die falschen Vorstellungen vom Gold setzen sich auch beim Thema Geldanlage fort. Der größte Fehler ist, die Diskussion über Gold als persönliche Geldanlage mit einer Goldwährung zu vermischen, denn beides hat nichts miteinander zu tun! Während eine teilweise Anlage in Gold durchaus sinnvoll ist, um sich gegen verschiedene Möglichkeiten einer Währungskrise zu schützen, ist eine Goldwährung eine Katastrophe und treibt die Länder direkt in eine Golddiktatur, in der nur eine Minderheit von Gold-Oligopolisten die Macht ausübt und über die Goldmenge die Wirtschaft manipulieren kann.

Die Diskussion um Goldgeld ist deshalb sehr gefährlich. Damit werden uninformierte Menschen mit psychologischen Mitteln gefangen. Und eine echte Problemlösung durch eine grundlegende Geldreform wird verhindert. Es ist deshalb sehr wichtig, die Bevölkerung umfassend über die Bestrebungen interessierter Kreise aufzuklären, die an der Einführung einer Goldwährung (zum eigenen Nutzen) arbeiten.

Der Goldstandard führt zu privatem Goldbesitzverbot

Doch selbst privater Goldbesitz bietet keineswegs einen Vorteil, wenn eine Goldwährung eingeführt wird. Ein Goldstandard lässt sich nämlich nur dann halten, wenn gleichzeitig privater Goldbesitz und Goldhandel verboten werden. Andernfalls würde es viel zu große Schwankungen der verfügbaren Goldmenge geben. So war es schon zur Zeit des letzten Goldstandards, dem Bretton-Woods-System, unter dem in den USA privater Goldbesitz bei hohen Haftstrafen bis in die 1970er-Jahre verboten war. Damals musste sämtliches private Gold an den Staat abgeliefert werden. Gegen eine lächerlich geringe Entschädigung, versteht sich. Zu glauben, als Goldbesitzer könnte man bei einem neuen Goldstandard schnell reich werden, wird sich als trügerisch erweisen. Denn man wird gezwungen, das Edelmetall wie damals in den USA zu niedrigsten Preisen zu verkaufen. Wer nach einem Goldbesitzverbot noch Gold hat, macht sich strafbar und kann das Gold nicht veräußern, da er sonst Gefahr läuft, ins Gefängnis zu kommen.

Ganz anders als die scheinbare Lösung der Finanzprobleme über eine Goldwährung, die noch nie funktioniert hat, ist die in der Weltwirtschaftskrise entwickelte Idee einer umlaufgesicherten Währung.

Die Lösung: stabiles Geld ohne Inflation und Deflation

»Der kleinste Erfolg beim 1000. Anlauf verleiht den
999 gescheiterten davor einen Sinn.«

Hubert Feichtlbauer

Wie wir gesehen haben, lassen sich das Schuldenproblem und die Deflationsgefahr im heutigen System nicht lösen, weil der jährliche Zinszuwachs zu einer immer schnelleren Verschuldung führt. Da weder die Notenbanken langfristig in der Lage sind, einer Deflation entgegenzuwirken, noch Inflation das Problem lösen kann, stellt sich die Frage, wie die Katastrophe abgewendet werden kann. Nachfolgend soll in kurzer Form eine Lösungsmöglichkeit aufgezeigt werden.

Wie schon erwähnt, ist der Zins der treibende Motor für die Schuldenspirale. Ohne Zins gäbe es zwar auch Kredite, allerdings keinen Verschuldungszwang, da keine automatische Ausweitung der Verpflichtungen stattfinden würde. Zur Lösung der Misere muss also der Störfaktor »Zins« im Wirtschaftssystem ersetzt werden. Verbote würden dazu führen, dass der Geldkreislauf ins Stocken geriete. Niemand wäre bereit, sein Geld zinsfrei zu verleihen, sondern würde es zuhause bunkern. Es würde also sofort eine Deflation durch Geldmangel einsetzen. So wie der Zins heute das Geld quasi als Belohnung in den Verkehr lockt, so muss zur Lösung der Schuldenmisere der Zins durch ein Druckmittel ersetzt werden. Analog zum Straßenverkehr, wo nicht richtiges Verhalten belohnt, sondern falsches Verhalten unter Strafe gestellt wird. Wie jeder am Beispiel Straßenverkehr leicht nachvollziehen kann, ist hier die zweite Methode sicher die sinnvollere.

Was wir also brauchen, um den Störfaktor Zins zu eliminieren, ist eine Gebühr für falsches Verhalten beim Geldverkehr (Geldhortung).

Ein interessantes Lösungsmodell wurde in den 1930er-Jahren während der Weltwirtschaftskrise praktiziert. Es basierte darauf, dass der heutige Positivzins durch eine Umlaufgebühr ersetzt wurde. Es wurden dazu Geldscheine herausgegeben, die ihre Gültigkeit nur dann behielten, wenn zu einem bestimmten Datum eine Art Briefmarke aufgeklebt wurde. Diese »Briefmarke« musste kostenpflichtig erworben werden. Das führte dazu, dass sich Geldhortung, trotz null Prozent Zins, nicht mehr lohnte, da ständig Kosten für das Markenkleben anfielen. Deshalb wurden die Geldscheine freiwillig, ohne Zinsforderung, entweder ausgegeben oder zinslos weiterverliehen.

Die Folgen dieser einfachen Maßnahmen waren allerdings erstaunlich: Innerhalb kurzer Zeit akzeptierte der Handel die neue »Währung«, da dieser in der Deflation ohnehin nichts mehr zu verlieren hatte. Überall, wo dieses Geld auftauchte, ging plötzlich die Arbeitslosigkeit zurück und der Warentausch blühte wieder auf. Obwohl nur eine geringe Menge dieses neuen Geldes ausgegeben wurde, verdrängte es schnell die staatliche Währung. Leider wurden wenig später alle derartigen Lösungsmodelle von den Notenbanken verboten.

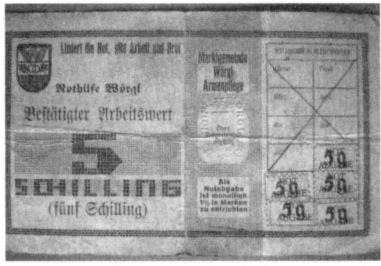

Abb. 16: Umlaufgesichertes Geld in Wörgl, Österreich

Abb. 17: Umlaufgesichertes Geld in Deutschland

Um Schuldenkrisen in Zukunft auszuschließen bzw. eine solche Katastrophe aufzuheben, wäre es also nötig, derartiges Geld (auf moderner Grundlage) einzuführen. Das Problem dabei dürfte allerdings weniger sein, dass dies nicht funktioniert, sondern dass die bisher vom Zinssystem profitierenden Kreise eine solche Lösung nicht wünschen.

Geldanlage und Deflation

>*Kluge Menschen suchen sich die Erfahrungen selbst aus,*
die sie zu machen wünschen.«

Aldous Huxley

Ausführlich wird die Deflationsstrategie in meinem Buch *Deflation die verheimlichte Gefahr* dargestellt. Es folgt eine kurze Darstellung der wichtigsten Regeln.

Wichtig ist für Sie, in einer kommenden Deflation nicht zu den Verlierern zu gehören. Die richtigen Anlageentscheidungen sind deshalb von größter Wichtigkeit. Dieser Aspekt soll in Bezug auf eine reine Deflation untersucht werden, die Vermischung mit anderen Krisen, wie Währungskrisen und Auswirkungen auf einzelne Anlageprodukte, wird weniger berücksichtigt, da sie in meinem Buch *Der Geldcrash. So retten Sie Ihr Vermögen* genauer nachgelesen werden können.

Um sich auf eine Schuldenkrise vorzubereiten, ist es wichtig, erst einmal zu erkennen, wo die größten Gefahren liegen. Wie sich schon vermuten lässt, sind Sie umso mehr von einer Deflation betroffen, je mehr Sie selbst daran teilhaben, also je höher Sie persönlich verschuldet sind.

Leider sind heute die meisten Geldanlage- und Krisenvorsorgetipps nicht geeignet, eine Deflation zu überstehen, weil sie sich ausschließlich an einer Inflation oder Hyperinflation ausrichten. Diese ist jedoch, wie wir gesehen haben, in der nächsten Zeit nicht zu befürchten. Wer sich nur auf eine Inflation vorbereitet und die viel gefährlichere Deflationsgefahr ignoriert, der tut genau das Falsche und gefährdet sein Vermögen sowie seine persönliche Zukunft.

Die meisten der aktuellen Geldanlage-Empfehlungen sind hinsichtlich einer kommenden Deflation vollkommen ungeeignet und werden dazu führen, dass viele Menschen ihr Vermögen verlieren.

Einer dieser »Tipps« lautet derzeit, man solle sich (möglichst noch mit Schulden) eine Immobilie kaufen, die dann die Inflation übersteht bzw. an Wert gewinnt. Dass dieser Plan nicht aufgeht, zeigen die Fakten.

Warum Immobilien in der Deflation gefährlich sind

*»Die Erfahrung des Jahres 1923 zeigt, dass im Extremfall auch
Immobilien- oder Unternehmensbesitz vor der Willkür des Staates,
die im Falle einer Währungsreform notwendig ist, nicht sicher sind.
Folglich ist es wenig sinnvoll, sich schon jetzt auf die Möglichkeit
einer Währungsreform vorzubereiten. Denn es ist nicht klar, wie
so ein Ereignis ausgestaltet werden würde. Selbst Gold bietet keinen
absoluten Schutz. Denn in der Vergangenheit gab es Phasen, in
welchen einzelne Staaten den privaten Goldbesitz verboten haben.«*

Frankfurter Allgemeine Zeitung, 03.04.2009

Bei der Frage nach Immobilien sollte zuerst unterschieden werden, ob
es um ein selbst bewohntes Eigenheim geht oder um eine Wohnung
zur Fremdvermietung. Die zweite Frage lautet, ob die Immobilien aus
Ersparnissen oder mittels Krediten finanziert werden sollen. Im Defla-
tionsszenario ist lediglich das schuldenfreie, selbst bewohnte Eigenheim empfehlenswert. Alle kreditfinanzierten, fremdvermieteten Objekte bergen große Risiken, die im Folgenden erörtert werden.

Ausgelöst durch die Inflationspropaganda nach der Finanzkrise
2008/2009 und der Eurokrise 2010, begann an den Grundstücks- und
Immobilienmärkten in Deutschland ein enormer Aufwärtstrend. Viele Menschen verfielen aufgrund der Propaganda und mangelnden
Verständnisses für die wirkliche Entwicklung in eine regelrechte Kaufpanik. Innerhalb von nur einem halben Jahr wurden die Ackerpreise
in Mecklenburg-Vorpommern um 40 Prozent nach oben spekuliert.
Viele Großstädte wiesen ebenfalls Wachstumsraten bei den Immobilienpreisen von 30 und mehr Prozent im Jahr auf.

Allein in der zweiten Jahreshälfte 2009 stiegen die Kaufpreise für
Eigentumswohnungen in sieben der acht größten Städte in Deutschland, am stärksten in Hamburg. Dort kostet der Quadratmeter im
Schnitt 2750 Euro, ein Plus von rund fünf Prozent. Im Berliner Stadt-
teil Prenzlauer Berg haben sich die Preise für Wohnungen von 2005
bis 2010 sogar fast verdoppelt.[89] Vom Herbst 2009 bis Mai 2010 sind
die Preise für Agrarflächen im Schnitt um 50 Prozent gestiegen.[90]

In der Schweiz warnt die Schweizer Nationalbank sogar schon seit 2009 vor einer Immobilienblase, die jederzeit platzen kann.[91] Vor allem, wenn die Zinsen in einer Krise durch höhere Risikozuschläge steigen, kann das unmittelbar zu einer Flut an nicht mehr bedienbaren Krediten führen. Dem folgen Zwangsverkäufe und eine Verkaufswelle.

Was bei Immobilien meist übersehen wird, ist der mögliche Zugriff des Staates auf die Objekte. Nichts können Staaten besser besteuern oder mit Gebühren belegen als Grundstücke und Häuser. Diese stehen fest im Grundbuch und können weder weggebracht (»immobil«) noch versteckt werden. Dazu kommt, dass es sich bei Immobilien und Grundstücken meist um den größten Anteil am Vermögen handelt. In Deutschland hatten die privaten Haushalte bis zum Jahr 2006 ein Bruttovermögen von insgesamt 10,4 Billionen Euro aufgebaut. Davon entfielen allein 46,3 Prozent auf Immobilien und nur 43,6 Prozent auf Geldvermögen. Das Gebrauchsvermögen – Schmuck, Antiquitäten, Kunstgegenstände und Ähnliches – hatte einen Anteil von 10,01 Prozent am Gesamtvermögen.[92]

Es wird klar, dass es nur eine Frage der Zeit ist, bis die Politik Grundstücke und Immobilien kräftig abschöpfen wird. Während man den kleineren Anteil am Geldvermögen, das reine Geldvermögen, immer umfassender besteuerte, hat man bisher die Immobilienbesitzer ungeschoren gelassen. Es ist nur eine Frage der Zeit bzw. des Finanzdruckes durch die Krise, bis die Politiker hier ansetzen. Ein Ausweichen wie bei anderen Steuern ist unmöglich, da die Immobilie fest im Grundbuch steht. Zahlt ein Hausbesitzer nicht, kann ihm der Staat nach Belieben Schulden im Grundbuch eintragen. Übersteigt die Grundschuld den Immobilienwert, kann ein Staat in Finanznot sehr schnell das ganze Objekt enteignen. Wer also meint, mit Immobilienkäufen einer eventuellen Inflation zuvorzukommen, kommt vom Regen in die Traufe, da er sich dem in Krisen unersättlichen Staat ausliefert.

Dazu kommt, dass man gerade in Krisenzeiten solche Zwangsmaßnahmen gegen Grund- und Immobilienbesitzer auch gut legitimieren kann. In Deutschland haben nur etwa 40 Prozent der Menschen überhaupt Wohneigentum, der Rest lebt zur Miete. Es würde also nur eine

Minderheit treffen und zudem den Großteil des Gesamtvermögens erfassen. Es gibt kaum eine Steuer, die für Politiker bequemer zu erhöhen ist, als die Grundsteuer. Aus diesem Grund wurden in der Krise genau solche Steuern auch in Griechenland und Lettland sehr schnell angehoben. Dazu kamen neue Immobiliensteuern, die von gierigen Politikern in Zukunft nach Belieben erhöht werden können.

Speziell Lettland ist ein Beispiel dafür, wie es gemacht wird: Nach massiven Wertsteigerungen bei Immobilien bildete sich eine Immobilienblase. Dann kam es in der Krise zu einem drastischen Wertverfall bei Grundstücken und Häusern. Und zusätzlich wurde eine neue Immobiliensteuer eingeführt. Zu diesem Zeitpunkt wollen alle nur noch verkaufen, um den »Klotz am Bein« loszuwerden, und niemand kauft, solange die Preise fallen. Wer will schon eine Immobilie für 100.000 Euro kaufen, die in einem Jahr nur noch 70.000 wert ist?

Gerade dann, wenn man das Geld am nötigsten braucht, kann es passieren, dass sich eine Immobilie nicht mehr verkaufen lässt.

Lettland ist ebenfalls ein gutes Beispiel dafür, wie erbarmungslos es in Krisen für Hausbesitzer werden kann. Mit der Finanzkrise im Jahr 2008 kamen viele Letten in Finanznöte und konnten die Hypothekendarlehen nur noch teilweise bedienen. Viele Banken verkauften die Häuser ohne Wissen und Zustimmung der Schuldner an Dritte. Statt einer Nachricht von der Bank über eine Krediterhöhung, erhielten viele Schuldner zu ihrer Überraschung ein Schreiben, dass das Haus bereits verkauft ist und die Restschulden dennoch weiter bedient werden müssen.[93]

Fazit: Immobilien können schnell zur nicht mehr finanzierbaren Kostenfalle werden.

Bisher wurden die Grundsteuern relativ niedrig bemessen, da die Einheitswerte aus den 1960er-Jahren zugrunde gelegt und Wertsteigerungen seither nicht berücksichtigt wurden. Doch das wird sich bald ändern. Laut einer Studie der Unternehmensberatung *Ernst & Young* planen die meisten Kommunen angesichts ihrer dramatischen Finanzlage Erhöhungen bei Steuern und Gebühren. Hintergrund für die Pläne sind wegbrechende Einnahmen und eine massive Verschuldung. 84 Prozent der Kommunen haben demnach vor, Gebühren und Steuern zu erhöhen bzw. neue einzuführen. Vor allem die Grundsteuern spielen dabei eine Rolle: Fast jede zweite Kommune (46 Prozent) plant die Erhöhung des Grundsteuerhebesatzes.[94]

Der Grundbesitzerverband Haus & Grund erklärte bereits, dass sich die Grundsteuer B für bebaute und unbebaute Grundstücke 2008 auf rund 10,5 Milliarden Euro belaufen habe, 157 Prozent mehr als noch 1995. In den USA zahlen Hauseigner ca. 2500 bis 3000 Dollar im Jahr, in Deutschland liegt der Betrag bei 300 Euro.[95] Das bedeutet, dass es in Deutschland gerade für die Grundsteuer noch einen erheblichen Spielraum nach oben gibt und es nur eine Frage der Zeit ist, bis dieser massiv ausgereizt wird.

Was ebenso ignoriert wird, sind die vielen bereits bei der Europäischen Union in Planung befindlichen Gebühren für Immobilien. Bis spätestens zum 31. Dezember 2015 müssen nach einer EU-Richtlinie alle privaten Abwasserleitungen überprüft und bei Bedarf repariert werden. Dies besagt eine Grundwasserrichtlinie der EU, für die mit der deutschen DIN-Regel mit der Nummer 1986 ein Prüfzwang geschaffen wurde. Für die Hauseigentümer kann dies zu immensen zusätzlichen Kosten führen.[96]

Doch es wird noch viel teurer werden. Die neuen Klimaschutzabkommen werden vor allem in Deutschland zu massiv steigenden Instandhaltungskosten führen. Bauherren und Bestandsmodernisierer müssen schon jetzt nirgendwo auf dem Kontinent so hohe Kosten tragen wie in Deutschland. Schon im Jahr 2009 wurden mit der Energieeinsparverordnung (EnEV) 2009 die Verbrauchsvorgaben für Immobilien im Mittel um weitere 30 Prozent gegenüber der EnEV 2007 verschärft. Sobald zehn Prozent oder mehr von Fassade, Dach- oder Fensterflächen erneuert werden, müssen die gesamten Bauteile auf den neuen EnEV-Stand gebracht werden. Werden mehrere Gebäudekomponenten wie Dach und Fenster gleichzeitig erneuert, müssen die Maßnahmen so gestaltet werden, dass der rechnerische Jahresprimärenergiebedarf des gesamten Gebäudes um 30 Prozent sinkt. Dadurch kommen hohe Kosten auf die Besitzer zu. Um ein Bestandsobjekt auf den Standard der EnEV 2009 zu bringen, sind Aufwendungen von mindestens 70.000 Euro nötig.[97]

Eine weitere EU-Vorschrift wird Hauseigentum ebenfalls sehr bald zu einem teuren Unterfangen machen: Die Europäische Kommission plant verschärfte Auflagen für Vermieter. Im Zuge der Überarbeitung der EU-Antidiskriminierungsrichtlinien sollen Vermieter dazu verpflichtet werden, Umbauten vorzunehmen, um Wohnungen behindertengerecht anbieten zu können. Bei strenger Auslegung der Richtlinie würde dies bedeuten, dass Millionen Wohnungen in Europa behindertengerecht umgebaut werden müssen, noch bevor überhaupt konkrete Anfragen von behinderten Interessenten kommen. Diese Umbaupflicht könnte viele Milliarden Euro Kosten verursachen.[98] Selbst dann, wenn gar keine Behinderten in den Wohnungen leben, müssten diese behindertengerecht umgebaut werden. Das sind Kosten, die viele Immobilienbesitzer nicht tragen können. So wird ein Haus schnell zur finanziellen Belastung und muss letztlich zwangsverkauft werden. Doch abgesehen von den steigenden Kosten, sind fremdvermietete Immobilien eine sehr fragwürdige Investition. Laut einer BIZ-Studie (Bank für Internationalen Zahlungsausgleich) werden die Eigenheim-Immobilienpreise in den USA in den kommenden vier Jahrzehnten durch die Pensionierung der geburtenstarken Jahrgänge im Schnitt um 30 Prozent zurückgehen. In Deutschland liegt der erwartete Preisrückgang sogar bei 75 Prozent.[99]

An der Preisstabilität von Immobilien in Deutschland wird sich außerdem einiges ändern. Deutschland hatte bisher den Vorteil, dass Immobilien durch langfristige Kredite mit fest vereinbarten Zinssätzen abgedeckt wurden. In Zukunft wird das nicht mehr möglich sein, wie Siegfried Jaschinski, Vorstandschef der LBBW und Präsident des Bundesverbands Öffentlicher Banken, betonte: »Künftig werden in Deutschland langfristige Kredite weniger verfügbar sein und sich verteuern. Mit der Stabilität des deutschen Immobilienmarkts dürfte es nun vorbei sein. Die Sondersituation günstiger Langfristkredite in Deutschland hatte zwei Gründe. Erstens die große Zahl von Hypothekenbanken, die auf den deutschen Pfandbrief als sehr preiswerte Refinanzierungsquelle zurückgreifen konnten. Zweitens die Landesbanken, die mit Staatsgarantien die großen Anbieter von Langfristfinanzierungen in Deutschland waren. Die Zahl der Hypothekenbanken ist infolge der Finanzkrise stark geschrumpft, noch mehr aber ihre Bilanzsummen und das Angebot langfristiger Hypothekenkredite.«[100] Man muss also davon ausgehen, dass auch bei uns die Immobilienkredite auf kurzfristige Zinsen umgestellt werden. Durch die schwankenden Zinsen kann es so zu einem Immobilienpreisverfall kommen, ausgelöst durch eine Verkaufswelle, wenn Schuldner steigende Zinsen nicht mehr tragen können.

Wie fragil der Immobilienmarkt bereits jetzt ist und dass das Preisniveau jederzeit abrutschen kann, zeigt auch die steigende Zahl der Hauseigentümer, welche zunehmend auf staatliche Hilfe angewiesen sind. Durch Arbeitslosigkeit und Kurzarbeit sind viele nicht mehr in der Lage, ihre Kredite zu bedienen und beantragen einen »Lastenzuschuss« (eine Art Wohngeld für Eigentümer) als staatliche Hilfe. In Baden-Württemberg schnellte die Zahl der Lastenzuschussempfänger schon 2009 um 61,6 Prozent auf 5414 Haushalte in die Höhe. In Bayern stieg die Zahl der Empfänger um 37,3 Prozent von 3958 auf 5436 Haushalte. Im Saarland erhielten Ende Dezember 2009 insgesamt 1370 im Eigentum wohnende Familien Lastenzuschusszahlungen – 48,9 Prozent mehr als zwölf Monate zuvor.[101] Anhand dieser Zahlen wird deutlich, dass immer mehr Menschen die durch Immobilien entstehende finanzielle Belastung nicht mehr tragen können. Kommt es zu einer richtig handfesten Krise mit Massenarbeitslosigkeit, sind viele Eigentümer zu Zwangsverkäufen gezwungen, was zu einem Überangebot an Immobilien auf dem Markt führt und die Preise einbrechen lässt.

Auch die ständigen Probleme bei Immobilienfonds zeigen, dass »Betongold« keineswegs eine sichere Investition ist. Zum dritten Mal seit 2006 haben große offene Immobilienfonds im Mai 2010 angekündigt, auf unbestimmte Zeit keine Anteile mehr zurückzunehmen. Rund drei Millionen Kleinanleger in Deutschland waren davon betroffen. Insgesamt belief sich die Anlagesumme dieser Fonds auf etwa 90 Milliarden Euro.

Damit war es mit der Sicherheit der Offenen Immobilienfonds endgültig vorbei. Die beiden Schwergewichte SEB Immoinvest (Fondsvolumen 6,3 Milliarden Euro) und Kanam Grundinvest (4,2 Milliarden Euro) nahmen keine Anteile mehr zurück.

Begründet wurde die Schließung mit einem Gesetzentwurf, den das Finanzministerium zur Regulierung der Offenen Immobilienfonds veröffentlicht hatte. Dieser Entwurf sieht unter anderem vor, den Fonds wegen der unsicheren Lage an den Immobilienmärkten einen pauschalen Abschlag von zehn Prozent auf den Wert ihrer Liegenschaften vorzuschreiben. Das würde bedeuten, dass die Fonds Immobilien notgedrungen auch unter Wert verkaufen müssen, damit sie die Anleger auszahlen können.[102] Der ohnehin aufgeblähte Immobilienmarkt kann also jederzeit unter dem Druck von Immobilienfonds kollabieren. Die Welle von Zwangsversteigerungen kann sich so fortsetzen und die Preise immer mehr nach unten drücken.

Doch auch als Inflationsschutz versagen Immobilien, was sich bereits in der Hyperinflation von 1923 zeigte, denn 1924 wurde in Deutschland die Hauszinssteuer eingeführt. Mit ihr sollten die Gewinne abgeschöpft werden, die Immobilienbesitzer durch ihre vollständige Entschuldung während der Inflation erfahren hatten. Die von den Besitzern zu zahlenden Abgaben betrugen 1927 die für die damalige Zeit enorme Summe von 850 Millionen Reichsmark. Das entsprach rund 20 Prozent des gesamten Steueraufkommens von Ländern und Kommunen. Zahlreiche Eigentümer konnten die Lasten nicht tragen und waren gezwungen, ihre Häuser zu verkaufen, wodurch die Immobilienpreise in manchen Orten um bis zu 50 Prozent einbrachen.[103]

Sowohl in der Inflation als auch in der Deflation geraten deshalb Immobilien sehr leicht unter Druck. Leider hat sich diese Tatsache bis jetzt noch nicht herumgesprochen, denn die Anleger kaufen zurzeit verstärkt Immobilien. Geschürt wird diese Panik durch das medial verbreitete Inflationsmärchen. Dass damit eine immer größer werdende Blase entsteht, die unweigerlich platzen muss, sieht man nicht oder will man nicht sehen.

Ähnlich sieht es auch mit dem zweiten, heute propagierten Inflationsschutzmedium, den Edelmetallen, aus.

Warum Gold in einer Deflation nur ein schlechter Schutz ist

Zunächst muss man betonen, dass Edelmetalle durchaus als Vermögensschutz ihre Berechtigung haben. Allerdings nur als Beimischung und Risikostreuung. Doch davon sind viele der heutigen Empfehlungen weit entfernt, wenn Menschen angeraten wird, 50 oder gar 90 Prozent ihres Vermögens in Edelmetallen zu halten. Das hat mit sinnvoller Krisenvorsorge nicht mehr viel zu tun, sondern ist eine Spekulation mit entsprechenden Risiken.

In den vergangenen Jahren wurde den Anlegern, speziell durch die Massenmedien, zunehmend Gold und andere Edelmetalle als »sicherer Vermögensschutz« empfohlen. Es wird behauptet, dass Gold »immer nach oben gehen« würde. Leider werden bei dieser Betrachtung nur die letzten zehn Jahre berücksichtigt. Dass es davor jedoch 20 Jahre nur nach unten ging (auch bei hoher Inflation), wird verschwiegen. Auch von der Goldblase 1980 wird nicht gerne geredet, denn diese Blase beweist, dass Gold eben auch nur ein normales Spekulationsobjekt ist.

Die Goldspekulationsblase 1980

Nach dem Ende des Bretton-Woods-System stieg der Goldpreis sehr schnell. Er wurde mit 35 Dollar je Unze zu niedrig angesetzt und stieg rasch auf 200 Dollar. 1978 begann eine regelrechte Goldspekulation, als das Goldbesitzverbot (gültig seit 1933) in den USA aufgehoben wurde. Da der Dollar wegen des gescheiterten Bretton-Woods-Systems an Vertrauen verloren hatte, kauften immer mehr Menschen Gold. Ein weiterer Grund war die zu der Zeit hohe Inflation durch die beiden Ölkrisen. Da die Käufe massiv zunahmen, schoss der Goldpreis im Jahr 1980 kurzfristig auf über 800 Dollar pro Unze nach oben. Wie in jeder Spekulationsbewegung kam es jedoch auch hier zum Platzen der Blase. Der Goldpreis fiel innerhalb von drei Jahren auf 300 Dollar pro Unze zurück und sank nach einem kleinen Zwischenhoch 1989 bis zum Jahr 2001 kontinuierlich auf 250 Dollar pro Unze.

Hier wird klar ersichtlich, dass Gold eben auch nur ein ganz normales Gut ist, mit dem spekuliert werden kann.

Von vielen Goldspekulanten wird diese Zeit gerne mit der heutigen Entwicklung und der kommenden Krise verglichen. Verschwiegen wird dabei jedoch, dass diese Ereignisse gar nicht vergleichbar sind. Zum einen gibt es derzeit keine durch Gold gedeckte Währung, bei der die Aufhebung der Goldeinlösepflicht und des künstlich festgesetzten Goldpreises eine Flucht ins Gold auslösen könnte. Zum anderen ist die Inflation momentan sehr gering und es ist auch kein Ansteigen absehbar.

Vergessen werden sollte ebenfalls nicht, dass die damaligen Preissteigerungen nur sehr kurz waren und die Blase sehr schnell geplatzt ist. Viele Anleger haben damals massive Verluste eingefahren.

Auch wird gerne übersehen, dass das Edelmetall gar nicht mehr von Großhändlern oder Scheideanstalten aufgekauft wurde, als der Goldpreis stark anstieg. Alle warteten darauf, dass der Preis schnell wieder sinken werde. So konnten viele Goldbesitzer den hohen Goldpreis gar nicht nutzen, da kein Verkauf im größeren Stil mehr möglich war.

Zahlreiche Goldhändler gingen damals bankrott, da sie im Goldpreisanstieg noch zukauften und von dem plötzlichen Platzen der Blase überrascht wurden.

Wenn man sich die Goldpreisentwicklung der vergangenen Jahre genauer ansieht, fällt auf, dass sie seit dem Jahr 2003 parallel zu den Aktienwerten verlaufen ist.

Nach dem endgültigen Platzen der Aktienblase im Herbst 2002 (Dax 2200 Punkte) setzten zunehmend Investitionen in Gold ein. Parallel zu den Aktienwerten ging es ab 2003 mit dem Goldpreis nach oben. Das bedeutet, dass der Goldpreisanstieg von der gleichen Blase genährt wird, wie die erneute Börsenspekulation nach dem Jahr 2003. Die Entwicklung des Goldpreises in der Finanzkrise der Jahre 2008 und 2009 zeigte, dass Gold keineswegs ein »sicherer Hafen« oder gar ein »Rettungsboot« ist, wie es von der Goldlobby heute oft bezeichnet wird. Parallel zu den fallenden Aktienwerten fiel auch der Goldpreis. Erst seit dem Jahr 2010 konnte Gold – bedingt durch die massive Kaufpropaganda – ohne die Aktien weiter nach oben klettern.

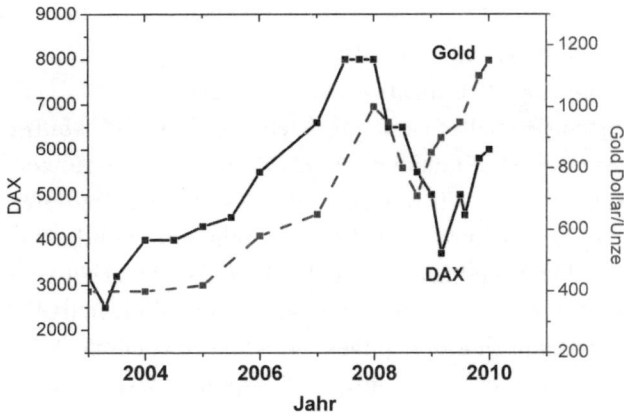

Abb. 18: Goldpreis und DAX

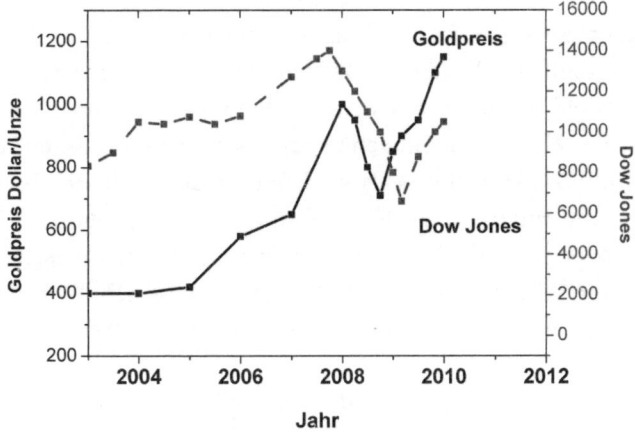

Abb. 19: Goldpreis und Dow Jones

Sieht man jedoch den Goldpreis als einen Bestandteil der nach 2003 gestarteten neuen Spekulationswelle, dann wird diese Entwicklung sofort erklärbar. So weiß man, dass die weitere Entwicklung des Goldes analog zur Börse verlaufen wird. Parallel zur Inflationspropaganda wurde in den Medien gleichzeitig auch die Werbung für Gold eröffnet. Spekulationsblasen erkennt man im Allgemeinen daran, dass breit in den Medien darüber berichtet wird und so auch in der Bevölkerung die Meinung vorherrscht, dass es nur nach oben gehen kann. Die Spekulationswelle ging 2010 sogar so weit, dass zum Beispiel in Dubai bereits die ersten Goldautomaten aufgestellt wurden. Hier können sich Kauflustige etwa an Flughäfen auf Knopfdruck Goldmünzen nach Wunsch kaufen.[104] Bereits das Jahr 2007 wurde von Analysten zum »Jahr des Goldes« gekürt.[105] Ab 2008 sah man eine richtige Flut von Goldartikeln durch die Massenmedien schwappen. Das trieb die Preise des Edelmetalls immer wieder nach oben, bis sie gerade in der Finanzkrise wieder steil nach unten gingen. Nun hätte eigentlich jeder sehen müssen, dass Gold kein glaubwürdiger Krisenschutz sein kann.

Es kann mit der Goldspekulation auch noch einige Zeit nach oben gehen – allerdings bleibt es am Ende dabei: Insbesondere unter einer Deflation wird Gold massiv an Wert verlieren. Viele durch die Finanzkrise verunsicherte Menschen sind heute der Propaganda der Medien zum Goldkauf erlegen. In der Deflation müssen sie ihren Goldschatz dann wieder billig verkaufen, weil sie entweder Geld zum Tilgen ihrer Schulden (Geld ist das einzige Schuldentilgungsmittel) oder zum Leben brauchen. Das wird dann den Goldpreis massiv einbrechen lassen.

Wäre Gold das Investment als Absicherung gegen eine Krise, dann würden es die superreichen Klientel unter sich aufteilen und jedes Wort vermeiden, um die Masse der Anleger hierfür zu begeistern. Die Werbung, die heute für Gold gemacht wird, beweist schon, dass Gold eben kein besonderes Investment ist – noch nie war etwas nachhaltig gut, für das Werbung gemacht wurde. Meist handelt es sich dann um eine »Anlegerfalle«, um unbedarfte Anleger hineinzutreiben und am Ende abzuzocken. Wie die Goldspekulation von 1980 bewies, ist Gold eben auch nur ein Spekulationsobjekt und macht keine Ausnahme.

Warum Gold kein Geld ist

Ein weiteres Argument der Goldlobby ist die Behauptung, Gold sei Geld. Wenn das stimmt, hätte es gerade die Goldspekulation von 1980 nicht geben dürfen. Dann wäre Gold kein normaler Spekulationsgegenstand gewesen, sondern ein Zahlungsmittel, und es hätte diese Blase nicht geben können.

Dass diese Behauptung ganz offensichtlich falsch ist, wird daran deutlich, dass kein Supermarkt bereit ist, Gold anstatt Geld für Käufe anzunehmen. Wenn Gold wirklich Geld wäre, dann würde jedes Geschäft dieses alternativ annehmen und nicht den potenziellen Käufer mit der Aufforderung, doch erst einmal das Edelmetall gegen Geld umzutauschen, wieder wegschicken.

Die Vertreter der Theorie »Gold ist Geld« verwechseln die Zeit des Goldstandards, wo tatsächlich Geld an eine definierte Menge Gold gekoppelt war, mit der heutigen Zeit ohne Golddeckung. In der kommenden Deflation wird sich jedenfalls der Goldpreis ganz anders entwickeln als unter dem Goldstandard. Damals erhielt das Goldmetall eben seinen Wert über das Geld, ohne Goldstandard ist es nur ein ganz normales Metall ohne jede Zahlungsfunktion.

Warum Gold gerade in schweren Krisen kaum einen Wert hat

Leider erfüllt Gold auch nicht seine Funktion als Krisenschutz. Die meisten Krisen verlaufen, wie wir gesehen haben, deflationär. Ohne Goldstandard und damit hergestellte Bindung des Goldpreises an das Geld verfällt auch Gold genauso wie alle anderen Metalle im Preis.

Dazu kommt, dass der größte Teil des Goldes in der Schmuckindustrie verwendet wird. Schmuck wird jedoch nur in »guten Zeiten« in größeren Mengen nachgefragt. Damit hängen die Goldnachfrage und damit auch dessen Preis unmittelbar mit der Konjunktur zusammen.

Bedenklich wird es, wenn es zu handfesten Versorgungskrisen kommt, in denen sogar lebenswichtige Güter knapp werden. Wenn die Menschen zu wenig zu essen haben, dann verliert Gold seinen Wert fast völlig. Welcher Verhungernde würde einen Goldbarren einem Stück Brot vorziehen?

Deshalb hatte Gold auch in den schweren Krisen der Vergangenheit kaum einen Wert. Als St. Petersburg im Zweiten Weltkrieg belagert wurde, hatte eine Unze Gold gerade noch den Gegenwert einer gebratenen Ratte. Ähnlich war es in Deutschland nach dem zweiten Weltkrieg, als ganze Schätze für ein Brot bezahlt wurden.

Behauptungen, für Gold würde man immer etwas bekommen, sind damit schlicht falsch und als Empfehlung für den Krisenfall auch noch gefährlich. Jedes Stück Brot oder eine Konservendose hat in solchen Zeiten mehr Wert als »unnützes« Gold. Vor allem in Krisenzeiten kommt es deshalb nicht mehr auf fiktive Werte an. Wichtig ist vielmehr der reine Nutzwert eines Gegenstandes. Das heißt, bedeutungsvoll wird das, was man praktisch mit einem Gegenstand anfangen kann und nicht mehr der davon abgelöste Wert. Bei Gold liegt der reine Nutzwert bei nahe Null, da man es weder zur Werkzeugherstellung noch industriell in großem Rahmen verwerten kann. Deshalb stellten die Mayaindianer in Südamerika auch Regenrinnen aus Gold her, weil sie nichts anderes mit diesem »unnützen Metall« anzufangen wussten.

Das Einzige, was Gold möglicherweise könnte, ist, einen Wert durch eine Krise zu bringen, um also in kommenden Wohlfahrtsperioden wieder von einem hohen Goldpreis profitieren zu können. Wenn jedoch derzeit in den Medien geraten wird, den größten Teil des Vermögens in Gold und Silber anzulegen, dann kann es passieren, dass der Anleger in einer schweren Krise seinen Goldschatz billigst verkaufen muss, um überhaupt leben zu können. Goldbesitz ergibt also nur in dem Maße einen Sinn, als man es als Beimischung ansieht und nur in dem Rahmen, wie man damit nicht lebensnotwendige Mittel bindet.

Vor allem vor einer Deflation ist es wichtig, nicht auf die propagierten Anlagetipps in den Massenmedien hereinzufallen. Das gilt auch für Schulden. Eine der wichtigsten Regeln lautet: Verschuldung in jedem Fall vermeiden!

Grundsatz: Keine Schulden!

»Als sich mir 1995 die Gelegenheit bot, alle meine Schulden zu tilgen,
habe ich sie beim Schopf gepackt und es seither nie bereut.
Ich lege den Lesern ... dringend nahe, derartige Gelegenheiten
ebenfalls wahrzunehmen oder sie sich zu schaffen.«

Peter Warburton, Finanzanalyst[106]

Nun stellt sich die Frage, warum Schulden mit Blick auf eine kommende Krise kritisch zu betrachten sind. Die meisten Bürger denken sogar, dass Schulden in der Krise nützlich seien, da sie annehmen, dass sie automatisch mit einer Geld- und damit Schuldenentwertung einhergehen. Doch wie wir bereits gesehen haben, ist dies keineswegs der Fall, wenn man bedenkt, dass alle großen Wirtschaftskrisen gerade Deflationen, nicht aber Inflationen waren. Selbst wenn man von einer Inflation ausgeht, lohnt sich die Verschuldung nicht, sondern ist im Gegenteil sehr gefährlich.

Schulden in der Inflation

Bei einer normalen Inflation erhöht sich durch den preistreibenden Effekt der Kreditzins, weil der Geldverleiher die zu erwartende Preissteigerungsrate auf den Zins aufschlägt, um nach Rückzahlung der Schuld nicht weniger Kaufkraft als ausgeliehen zurückzubekommen.

Angenommen, Sie hätten sich mit 100.000 Euro bei fünf Prozent Jahreszins und null Prozent Inflation verschuldet, dann bedeutet dies eine Zinslast von 5000 Euro im Jahr. Steigt nun die Inflation plötzlich um fünf Prozentpunkte an, so steigt der Kreditzins auf zehn Prozent (fünf Prozent Zins + fünf Prozent Inflation). Ihre Zinslast verdoppelt sich damit auf 10.000 Euro im Jahr.

Wenn Sie nun noch einen Inflationsausgleich beim Lohn von fünf Prozent bekommen, so bedeutet dies bei einem Durchschnittslohn von 40.000 Euro netto im Jahr einen Inflationsausgleich von nur 2000 Euro. Durch die Preissteigerung müssen Sie effektiv 3000 Euro mehr

Zinslast tragen als ohne Inflation. Es kommt durch eine Inflation in keiner Weise zu einer Reduzierung Ihrer Zinslast, sondern das Gegenteil ist der Fall. Über höhere Zinsen müssen Sie letztlich noch mehr für Ihren Schuldendienst opfern. Anders im Falle einer Hyperinflation, wie sie im Jahr 1923 stattfand, denn hier werden Sie entschuldet. Doch ist eine Hyperinflation nicht so schnell zu erwarten, schon allein deshalb, weil alle Notenbanken auf strikte Inflationsbekämpfung eingeschworen sind. Dies bedeutet, dass eine steigende Inflationsrate für Sie genauso schnell den Ruin bedeuten kann wie eine Deflation.

Schulden in der Deflation

Nicht nur in der Inflation, sondern vor allem in der viel wahrscheinlicheren Deflation sind Schulden sehr bedrohlich. Da die Löhne sinken, die Zinslasten jedoch gleichbleiben oder durch Risikozuschläge sogar steigen, muss immer mehr Arbeitskraft aufgewandt werden, um die Kredite zu bedienen.

Im Fall einer Krise mit den besprochenen Szenarien wird Ihre Verschuldung einen großen Verlust an Freiheit bedeuten. Sie sind dann auf das Wohlwollen des Gläubigers angewiesen und können keinen eigenen Krisenplan entwerfen. In einer deflationären Phase sinkt Ihr persönliches Einkommen. Ihr Kredit muss jedoch weiter in gleichbleibender Höhe bedient werden. Innerhalb kurzer Zeit können Sie möglicherweise Ihren Kredit nicht mehr vertragsgemäß bedienen, es kann zur Zwangsvollstreckung kommen. Doch auch wenn Sie Ihre Verpflichtung weiter erfüllen, besteht Gefahr durch die Schuldverpflichtung.

Das meist unterschätzte Risiko der Verschuldung liegt hier für Sie darin, dass die als Sicherheit für die Banken eingetragenen Vermögenswerte in der Deflation rasch an Wert verlieren. Die Bank für Internationalen Zahlungsausgleich hat bereits darauf hingewiesen, dass sich ein anhaltend sinkendes Preisniveau als gravierendes Problem für die Banken erweisen könnte, wenn die Kreditsicherheiten an Wert verlieren. Die Banken sind dann gezwungen, ihre Kreditpolitik zu verschärfen.[107] Die Kreditinstitute werden, um ihre Zahlungsfähigkeit und die Entstehung »fauler«, also ungedeckter Kredite zu verhindern, schnell von der Zwangsversteigerung Gebrauch machen. Da viele Pfandobjekte in der Krise verkauft werden, sinken die Preise drastisch. Bei einer Zwangsversteigerung wird deshalb Ihre Kreditsicherheit weit unter dem heutigen Preis verkauft. Sie haben Ihr Haus verloren, bleiben jedoch, da der Verkaufspreis nicht den Kredit abdecken konnte, mit Schulden beladen zurück.

Unter Umständen ist im Fall einer schweren Depression auch mit einer Verschärfung der Gesetzeslage zu rechnen, um Banken vor dem Zusammenbruch zu bewahren. Dies bedeutet, dass dann von einer Zwangsvollstreckung schneller als jetzt üblich Gebrauch gemacht wird.

Bereits jetzt nimmt der Druck auf die Schuldner zu. So beauftragte die Citibank ein Inkassounternehmen, das die Schulden professionell eintreiben soll. Ein Aussetzen der Ratenzahlung verursacht dabei schon die Aufkündigung des Kreditvertrages, mit der Wirkung, dass der gesamte Betrag samt Zinsen fällig wird. Die hohen Kosten für die Schuldeneintreiber werden dem Schuldner auferlegt.[108] Genauso ist schon der Fall bekannt geworden, dass wegen einer Restschuld von nicht einmal 50 Euro ein Haftbefehl zur Abgabe einer eidesstattlichen Versicherung erlassen wurde.[109] In der Krise werden solche Maßnahmen noch deutlich an Schärfe gewinnen, womit Sie als Schuldner einem massiven Druck ausgesetzt sein werden.

Es wird also deutlich, dass sich Schulden, egal, ob man mit einer Inflation oder einer Deflation rechnet, schnell als Bedrohung herausstellen können. Schulden lohnen sich damit für einen Privathaushalt ganz und gar nicht, und Sie sollten lieber den Grundsatz Ihrer Großeltern beherzigen, dass man sich nur dann etwas leisten kann, wenn man vorher dafür gespart hat.

Zu warnen ist auch vor allen Arten von »Steuersparmodellen«, die auf Schulden basieren.

Gefährliche Steuersparmodelle

>>*Hier wird gerne übersehen – und von den Kreditgebern*
sicherlich nicht besonders herausgestellt –, dass eine steuerliche
Behandlung nur dort erfolgen kann, wo Steuern anfallen.
Bei Arbeitnehmern, die ihren Arbeitsplatz verlieren oder bei
Unternehmen, die – ganz gleich, aus welchem Grund –
keinen Gewinn erzielen, fallen reduzierte oder gar keine Steuern
an. Damit verflüchtigt sich die steuerliche Absetzbarkeit.<<
Klaus Schallhorn, Wirtschaftsjournalist[110]

Käufer von vermieteten Immobilien wurden in der Vergangenheit an-
gesprochen, den Kredit für eine schuldenfinanzierte Immobilie am
Ende der Laufzeit mit einer Lebensversicherung auf einmal abzuzahlen. Dazu sollten ständig hohe Beträge in die Lebensversicherung fließen und nur die Zinsen des Kredits bedient werden. Von Vorteil sollten die ständig hohen Zinslasten sein, die durch die Fremdvermietung
steuerlich geltend gemacht werden könnten. Bei einem normalen Kredit mit Tilgung würde die Zinslast am Ende absinken, was ebenfalls
eine verminderte Steuerersparnis zur Folge hätte.[111]

Fatal ist dieses Steuersparmodell allerdings für Sie im Krisenszenario.
Bei der Versicherung wurden nur Geldforderungen aufgebaut und
durch die Immobilie Schulden gemacht. In der Krise wird die Auszah-
lung Ihrer Versicherung unter Umständen gesperrt oder das Unternehmen geht bankrott. Die Guthaben sind dann verloren. Gleichzeitig
sinkt in der Deflation der Preis Ihrer Immobilie stark und Ihre Mietein-
künfte sind nicht mehr gesichert. Ihr nicht getilgter und somit durch
hohe Zinsen belasteter Kredit muss jedoch weiterhin in vollem Umfang
bedient werden, was durch die sinkenden Mieterträge und Einkommen
zunehmend schwieriger wird. Gleichzeitig wird die Lebensversicherung als Kreditsicherheit für die Schulden unsicher. Früher oder später
droht die Zwangsvollstreckung. Vor solchen >>Steuersparmodellen<<
muss deshalb im Krisenszenario dringend gewarnt werden.

Die meisten Anleger oder auch Unternehmer, die durch Verschuldung >>Steuern sparen<< wollen, beachten nicht, dass man nur dann eine
geringere Abgabenlast hat, wenn man Gewinne einfährt. Ein Unterneh-

men, dass gerade keine Gewinne verbucht, zahlt auch keine Steuern und kann deshalb auch keine einsparen. Das Verhängnisvolle ist, dass in der kommenden Schuldenkrise sowohl das persönliche Einkommen durch Arbeitslosigkeit als auch die Gewinne der Firmen wegen Umsatzrückgangs sehr schnell sinken werden. Das vermeintliche Sparmodell nützt dann nichts mehr, wohl aber bleiben die Kredite mit ihren Kapitalkosten bestehen. Entscheidungen nur unter dem Steuergesichtspunkt vorzunehmen, kann sich deshalb als sehr kritisch erweisen.

Ohnehin konnten wir erkennen, dass die Verschuldung nicht deshalb gefördert wird, um Ihnen einen Gefallen zu tun, sondern um den nötigen Kreditzuwachs im Zinssystem sicherzustellen.

Alles, was auf Verschuldung hinausläuft, sollte im heutigen labilen System möglichst gemieden werden. Doch auf was ist zu achten, wenn man schon verschuldet ist oder Kredite nicht zu vermeiden sind?

Vorhandene Schulden

»Die Aufnahme von Krediten ist daher in jedem einzelnen Fall die Eingehung nicht kalkulierbarer Risiken. Risiken, die zu vollständiger Verarmung führen können, wenn ursprünglich nicht in Erwägung gezogene Gefahren den Schuldner plötzlich vor neue Tatsachen stellen.«

Klaus Schallhorn, Wirtschaftsjournalist[112]

Wenn Sie schon Kredite aufgenommen haben, dann muss für Sie die Schuldentilgung oberste Priorität haben. Schränken Sie alle Ausgaben, welche nicht unbedingt sein müssen, ein. Lieber den Kredit abzahlen, als ein neues Auto zu kaufen oder einen weiteren Exklusivurlaub zu buchen. Oftmals merkt man dann erst, dass viele Ausgaben gar nicht unbedingt nötig sind. So kann man Urlaub auch gut im eigenen Land machen und statt ständig mit dem Auto zu fahren, auch mal das Fahrrad nehmen. Wenn Sie den Kredit schneller kündigen können, haben Sie hinterher ein umso sorgloseres Leben, ganz zu schweigen von der Risikoreduzierung im Hinblick auf eine kommende Schuldenkrise.

Vor jeder weiteren Geldanlage muss die Kredittilgung oberstes Gebot sein. Es gibt derzeit Anleger, die Schulden haben und gleichzeitig übriges Geld nicht in die Tilgung des Kredits, sondern in Geldanlageformen wie Aktien, Anleihen oder Fonds stecken, ganz in der Hoffnung, dass die Zinserträge der Wertpapiere größer sind als die Zinslasten für den Kredit. Bei einem Crash sieht das Bild dann jedoch ganz anders aus: Die Wertpapiere verlieren kräftig an Wert und die Schulden müssen, deflationär aufgewertet, weiter bedient werden. Deshalb heißt auch hier wieder die Regel: **Schuldenabbau geht vor Geldanlage!**

Wenn Sie aus steuerlichen Gründen Schulden und Guthaben gleichzeitig behalten wollen, sollten die Guthaben wenigstens so angelegt sein, dass sie in der Krise zur Schuldentilgung eingesetzt werden können. Ideal wäre, wenn man die Schulden und entsprechende Guthaben bei derselben Bank hat. So können die Beträge im Krisenfall gegeneinander aufgerechnet werden, ohne dass Sie Angst haben müssen, die Guthaben gingen durch einen Bankenbankrott verloren, während die Schulden gleichzeitig zurückgefordert würden.

Kreditlaufzeit/Zinsfestschreibung

Bei neuen oder vorhandenen Schulden sollte unbedingt bedacht werden, dass diese so weit wie möglich auch früher abbezahlt werden können als vertraglich vereinbart. Angenommen, Sie machen unerwartet eine Erbschaft, dann sollten Sie in der Lage sein, den Kredit sofort zu reduzieren bzw. abzuzahlen, ohne Rücksicht auf die bei Kreditaufnahme vereinbarte Laufzeit.

Im Allgemeinen sollte die Laufzeit des Kredits mit Zinsfestbindung, sofern eine vorzeitige Abzahlung realisierbar ist, möglichst lang sein, denn bei einem Crash erhöhen sich schnell die Zinsen. Wenn Sie aber nur eine kurze Laufzeit mit Zinsbindung oder sogar variable Zinsen vereinbart haben, wird es immer schwerer, die höheren Zinslasten zu tragen und den Schuldendienst überhaupt leisten zu können.

Anzahl Kredite

Wenn Sie viele kleinere Kredite haben, sollten Sie überlegen, ob Sie diese nicht in einen einzigen umwandeln durch Aufnahme eines großen Kredites mit sofortiger Abzahlung der kleineren Schulden. Im Allgemeinen werden Sie vom Gläubiger in einer Krise umso schonender behandelt, je größer Ihre Kreditsumme ist, da er es sich viel eher leisten kann, einen kleinen Kredit zu verlieren als einen großen. Also: besser eine große Schuldensumme als viele kleine.

Schulden und Immobilien

Ein Thema für sich sind schuldenfinanzierte Immobilien. Wie wir gesehen haben, sanken in einer deflationären Krise vor allem die Immobilienpreise durch steigende Zwangsverkäufe sehr stark. In der Deflation der 1930er-Jahre verfielen die Immobilienwerte beispielsweise um 90 Prozent innerhalb weniger Jahre. Oftmals lässt sich das Haus dann selbst zu Spottpreisen nicht mehr verkaufen, da keine Interessenten mehr da sind.

So nützlich ein eigenes Haus in der Krise sein kann, da man nicht von einem Vermieter abhängig ist, so problematisch ist ein schuldenfinanziertes Objekt. Für Kredite gilt hier wieder, dass die Laufzeit mit Zinsfestbindung möglichst lang sein und die Hypothek so schnell wie möglich abgetragen werden sollte. Auf jeden Fall sollten Sie Abstand vom schuldenfinanzierten Kauf einer Wohnung zur Weitervermietung nehmen. In der Krise können die Mieter eventuell nicht mehr zahlen und die Schulden werden für Sie unbezahlbar, gleichzeitig lässt sich die Wohnung nicht mehr verkaufen. Generell gilt: Im heutigen überspekulierten Niveau des Immobilienmarktes lohnt es sich nicht, mit einem schuldenfinanzierten Objekt mitmischen zu wollen. Lieber Geld ansparen und in der Deflation ein Haus zum Spottpreis kaufen.

Wer mehrere Häuser besitzt, sollte sich eventuell überlegen, eines selbst zu behalten und die anderen zu den aktuell hohen Preisen zu verkaufen, um das Geld dann in der Deflation wieder günstig einsetzen zu können. Preissteigerungen sind im Immobilienmarkt in den nächsten Jahren kaum zu erwarten, jedoch steigt das Risiko, dass Häuser plötzlich massiv an Wert verlieren.

Doch auch wenn Sie keine Schulden haben, sollten Sie Ihr Vermögen nicht leichtfertig riskieren, da Sie darauf in einer Schuldenkrise unter Umständen dringend angewiesen sind.

Geldanlage

»Die beste Anlage ist seit Jahren Bargeld. Das Rezept lautete:
Ertrag vergessen, dafür Substanz erhalten. Nicht Return on Investment,
sondern Return of Investment war und ist, wie man nun täglich sieht,
das Erfolgsprinzip und wird es für längere Zeit bleiben. Das Ende dieser
Anlagepolitik kommt erst mit einer eventuellen Währungsreform,
die wahrscheinlich wird, wenn man in den alten Pfaden weiterwurstelt.
Bargeld wird in der anhaltenden Deflation von allein täglich mehr
wert, weil mit wenigen Ausnahmen alle Preise sinken, insbesondere
Sachwerte wie Aktien, Immobilien, Rohstoffe und Edelmetalle. Dies
zu verstehen, fällt vielen extrem schwer, weil ihnen das nötige Wissen
fehlt und weil sie eben im Neuen nur das Alte zu sehen vermögen.
Es ist eine kopernikanische Wende fällig.«[113]

Professor Fredmund Malik,
Verwaltungsratspräsident des Management Zentrums St. Gallen

Die richtige Geldanlage spielt eine entscheidende Rolle. Wie wir schon gesehen haben, nimmt in einer weltweiten Schuldenkrise die Unsicherheit auf dem Finanzmarkt enorm zu, da niemand mehr weiß, welche Geldanlagen überhaupt noch zu realisieren sind oder welche Unternehmen und Banken schon bankrott sind.

Dadurch ergibt sich ein Risikozuschlag zum Zins, denn der Geldverleiher lässt sich das gestiegene Verlustrisiko vom Schuldner bezahlen. Weil die Zinsen massiv steigen, hat dies teilweise verheerende Auswirkungen auf viele Geldanlageprodukte.

So können **festverzinsliche Wertpapiere** im Kurs abstürzen, und zwar je länger die Laufzeit, umso deutlicher. Zusätzlich dazu fällt der Kurs noch weiter durch die aufkommende Unsicherheit und den Rückgang der Kaufnachfrage nach solchen Wertpapieren. Nach der Russlandkrise mussten die Besitzer russischer Staatsanleihen Kursverluste von bis zu 90 Prozent hinnehmen. In der Konsequenz heißt das, dass man nur kurz laufende Papiere von Schuldnern mit hoher Bonität kaufen sollte.

Gleichzeitig verfallen die **Aktienwerte** an der Börse, weil den Unternehmen der Boden unter den Füßen weggezogen wird und die aufkommende Unsicherheit zu Aktienverkäufen führt. Die Aktienanlage muss deshalb gründlich geplant sein. Unternehmen, die in einer Krise keine Rolle mehr spielen, sind deshalb zu meiden.

Mit den Anleihen und den Aktien verfallen zugleich auch darauf aufbauende **Fondsanteile.** Es ist ein weitverbreiteter Irrtum, dass die Anlage in einem Aktienfonds sicherer ist als eine Direktinvestition in Aktien. Im Gegenteil, die Fondsanlage ist unberechenbarer, da Sie weder über die konkreten Investitionen des Fondsmanagers informiert sind, noch auf dessen Handlungsweise einen Einfluss haben. Schnell sind solche Fonds und das Vermögen verloren, während Sie bei der Direktanlage selbst agieren können und die Kontrolle behalten.

Hier wird sehr deutlich, dass es im Hinblick auf eine Schuldenkrise wichtig ist, immer nur kurzfristig zu investieren. Das Geld muss ständig verfügbar sein. Was nutzt Ihnen eine hochrentable Geldanlage in der Krise, wenn Sie erst in fünf Jahren darauf zugreifen können? Denn in der Deflation geht Ihre Bank bankrott und in der Inflation ist Ihr Geld entwertet. Also muss der Grundsatz gelten: **Liquidität und Verfügbarkeit der Geldanlage geht vor Rendite!**

Ein weiterer, oft übersehener Aspekt kommt dazu: Je höher die Rendite, umso höher auch das Risiko! Viele Anleger sind Renditen von bis zu 20 Prozent gewohnt. Sorglos wird in Schwellenländer oder Technologiefonds investiert – immer mit Blick auf die hohe Rendite. Kaum jemand fragt, warum die Rendite überhaupt so hoch ist. Sie ist deshalb so hoch, weil zum Zins ein hoher Risikozuschlag kommt. Bei normaler Rendite würde gar niemand in solch riskanten Bereichen investieren. Darum ist es nötig, mit »Superrenditen« zu locken. Gerade in den vergangenen Jahren mussten Anleger dabei zunehmend erkennen, dass die »Superrendite« oft mit einem Totalverlust bezahlt werden musste. Eine Verzinsung, die höher als normal ist, sollte deshalb schon zur Vorsicht mahnen.

Beliebt wurden in letzter Zeit auch Auslandsanlagen, weil hier wieder hohe Renditen versprochen wurden. Übersehen wird dabei jedoch, dass man weder Einfluss im jeweiligen Land hat, noch die dortigen Verhältnisse komplett durchschauen kann. Was passiert, wenn die Türkei Bankrott anmeldet und zuerst die Rückzahlung Ihrer türkischen Anleihen entgegen den Vereinbarungen verlängert und am Ende gar nicht mehr zahlt? In einer weltweiten Schuldenkrise, in der ein Land nur noch die eigenen Verhältnisse berücksichtigt, gehen solche Anlageformen als Erstes verloren. Das bedeutet, dass eine Geldanlage auch geografisch immer erreichbar sein muss. Was machen Sie, wenn aus der Türkei keine Überweisungen mehr möglich sind? Das Anlageland sollte so nah sein, dass man es relativ leicht erreichen kann.

Nochmals die wichtigsten Regeln für die Geldanlage vor einer Schuldenkrise:
– Kurzfristige Anlageformen, ständig verfügbar.
– Keine riskanten, hochverzinsten Geldanlagen – je höher die Rendite, umso höher das Risiko.
– Liquidität geht vor Rendite.
– Das Geld muss sowohl zeitlich als auch geografisch immer zu erreichen sein.

Praktische Schritte

»Wenn du eine Entscheidung getroffen hast, vergiss die Alternativen.«

Peter E. Schumacher

Was soll nun praktisch unternommen werden? Erst einmal müssen alle Schulden weg. Sind diese getilgt oder haben Sie gar keine, dann sichern Sie Ihr Vermögen stufenweise ab, indem Sie es in drei Teile aufteilen:
– Krisensicherungsteil
– Liquider Teil
– Investivbetrag

Damit Sie Ihr Vermögen sinnvoll einteilen können, müssen Sie eventuell langfristig angelegtes Vermögen auflösen. Nutzen Sie Phasen, in denen Ihre Aktien oder Fondsanteile gut stehen, für einen Verkauf. Auch das Zurückfahren von lang laufenden Lebensversicherungen ist zu überlegen. Überhaupt müssen **Kapitallebensversicherungen** in Zukunft besonders kritisch betrachtet werden. Zum einen handelt es sich um eine Anlage, die nicht schnell genug realisiert werden kann, und zum anderen erwachsen aus der Verschmelzung von Banken mit Versicherungen neue, unabsehbare Risiken.

Der Wirtschaftswissenschaftler Wilhelm Hankel wies darauf hin, dass die bewährte Arbeits- und Geschäftsteilung zwischen Banken und Versicherungen durch das sogenannte »Allfinanzkonzept« über den Haufen geworfen wurde. Nun müssen bei der Verschmelzung von Versicherungen und Banken die Versicherer unabsehbare Finanzmarktrisiken übernehmen. Jetzt könnten Versicherungskonzerne Banken übernehmen und dann ihrerseits Aktien und Börsengeschäfte tätigen, was früher undenkbar gewesen wäre. Nach dem Börsenkrach von 1929 sind weltweit unzählige Broker- und Bankhäuser bankrottgegangen, jedoch durch die Trennung von Bankgeschäft und Versicherung in Deutschland keine einzige Versicherung.[114] Dies wird sich allerdings in der kommenden Schuldenkrise durch das Zusammenwachsen von Banken und Versicherungen ändern. Überhaupt wird die Rendite bei Versicherungen im Allgemeinen deutlich überschätzt. Einmal wird nur der Kapitalteil verzinst, zum anderen rechnet die Versicherung intern (was allerdings nur hinter vorgehaltener Hand zu erfahren ist) nur mit realen Renditen von ein bis zwei Prozent. Darüber hinaus sind die Beträge dort allenfalls gegen die Schieflage einer kleinen Versicherung abgesichert, nicht jedoch gegen Probleme einer weltweiten Schuldenkrise.

Der **Krisensicherungsteil** soll gegen den schlimmsten Fall absichern, wenn im Zuge einer Finanzkrise die Banken betroffen sind und ihre Auszahlungen einstellen. Dann sind Sie auf Ihre Barmittel angewiesen. Deshalb legen Sie 20.000 Euro bar in kleinen Scheinen halb in Euro und halb in Schweizer Franken in ein (besser noch mehrere) Bankschließfächer. Dazu können Sie bis zu 10.000 Euro in Form von Goldmünzen mit ins Schließfach legen. Der Inhalt des Schließfaches sollte unbedingt über die Bank bis zum eingelegten Wert versichert sein. Im Fall einer Krise können Sie auf diese Barmittel zurückgreifen und damit Ihre Lebensgrundlage sichern. Durch die dann eintretende Deflation wird der Betrag merklich aufgewertet und reicht viel länger als heutzutage. Den Betrag Ihres Vermögens, der über die 20.000 Euro hinausgeht, vielleicht bis zu 80.000 Euro, legen Sie so an, dass er ständig verfügbar ist. In Frage kommen hier Geldmarktfonds, Geldmarktkonten, mehrere Sparbücher und kurzlaufende Anleihen. Sie sollten immer darauf achten, dass die Geldeinlage über den Einlagensicherungsfond der Bank abgesichert und ständig verfügbar ist. Am besten verteilen Sie den Betrag auf mehrere verschiedene Banken. Was über diese beiden Vermögensteile hinausgeht, kann normal am Finanzmarkt investiert werden. Allerdings ist es nicht ratsam, Aktien oder Anleihen von hochverschuldeten Ländern und Unternehmen zu kaufen. Zu bevorzugen sind Investitionen in Betriebe, welche auch in einer Krise noch Bestand haben, z. B. Elektrizitätsunternehmen oder Nahrungsmittelhersteller. Auch Investitionen in strategische Rohstoffe wie Erdöl und Erdgas bieten durch Verknappung gute Chancen, langfristig eine ertragreiche Einnahmequelle zu werden.

Nach der persönlichen Vermögensplanung sollte noch kurz darauf eingegangen werden, was kleine und mittelständische Unternehmen berücksichtigen sollten.

Unternehmen und Deflationskrise

»Wenn die Hoffnung aufwacht, legt sich die Verzweiflung schlafen.«

Sprichwort aus Asien

Wie wir bereits erfahren haben, arbeiten die Unternehmen heute nur noch mit wenig Eigenkapital. Entsprechend groß sind die aufgenommenen Kredite, die die Betriebe in konjunkturschwachen Phasen in die Knie zwingen können. Sollte es tatsächlich zu einer großen Schuldenkrise kommen – es deutet jedenfalls alles darauf hin –, werden die Unternehmensgewinne als Erstes davon betroffen sein. Zum einen geraten die Betriebe von der Kundenseite unter Druck, denn da der Absatz zurückgeht, muss das Unternehmen die Preise senken, um überhaupt noch verkaufen zu können, was den Gewinn dahinschmelzen lässt. Zum anderen kommt der Druck von der Kapitalgeberseite. Es steigen die Zinsen und damit die Kapitalkosten; hiermit wollen die Banken möglichst schnell vergebene Kredite eintreiben. Es werden Kreditlinien gesperrt und neue Finanzierungen abgelehnt. Unternehmen mit einer hohen Fremdkapitalquote sind unter diesen Umständen schnell ruiniert.

Also muss die Konsequenz lauten: **Die Eigenkapitalquote im Unternehmen sollte so hoch wie möglich sein!**

Da das Schuldensystem schon heute die Kaufkraft der Bevölkerung in immer kürzeren Abständen nach unten drückt, muss in Zukunft der Absatz eines Durchschnittsunternehmens sinken. Das bedeutet, dass große Investitionen, die nicht sofort Gewinne abwerfen, gründlich zu überlegen sind.

Statt neue Kredite für Neuanschaffungen aufzunehmen, kann es im Schuldenszenario viel sinnvoller sein, Kredite zu tilgen. Selbst wenn ein Konkurrenzunternehmen anfangs durch Neuinvestitionen Marktanteile gewinnt, sieht es in der sich anbahnenden Schuldenkrise völlig anders aus. Denn dann gewinnen die Betriebe, die rechtzeitig die Kreditlast reduziert haben. Diese überleben die Krise und können hinterher umso größere Marktanteile gewinnen. Lieber kleinere Brötchen backen, als in die Schuldenfalle zu laufen.

Überlegen Sie also dreimal, ob sich neue Kredite in Zukunft wirklich lohnen!

Überhaupt sollten alle Fixkosten so flexibel und gering wie möglich gehalten werden. Vermeiden Sie langfristige Zulieferverträge, die Sie in der Krise ins Schleudern bringen könnten. Lieber etwas höhere Preise bezahlen, als sich abhängig zu machen. In der Deflation sinken dann ohnehin die Preise.

Wenn sich Schulden nicht vermeiden lassen, sollten Sie wenigstens eine Rechtsform für ihr Unternehmen so wählen, dass Sie persönlich nicht haftbar zu machen sind. Wandeln Sie Ihr kleines Einzelunternehmen lieber in eine GmbH um, bei der Sie nur mit dem Betriebsvermögen haften. Es wäre sogar zu überlegen, ein noch laufendes Unternehmen lukrativ zu verkaufen und erst nach der Krise wieder günstig einzusteigen.

Selbstverständlich gilt auch hier wieder, dass die Zinsfestschreibung für aufgenommene Kredite so lange wie möglich sein sollte. Wenn Sie Kredite durch eine Lebensversicherung absichern, überlegen Sie, ob es statt einer Kapital- auch eine Risikolebensversicherung sein kann. Hier sollten Sie so wenig Kapital wie möglich binden.

Zusammenfassung und Ausblick

Nach der Finanzkrise der Jahre 2008/2009 und der Eurokrise von 2010 wurden in den Medien breit angelegte Kampagnen gestartet, die den Menschen suggerieren sollten, dass nun bald eine Inflation oder gar eine Hyperinflation über uns hereinbreche, die alle Ersparnisse vernichtet. Diese Propaganda wurde speziell von Politikern und Goldlobbyisten eifrig unterstützt. Politiker profitieren durch die von ihnen angezettelten Panikkäufe, bei denen die Menschen ihre letzten Ersparnisse verpulvern, um der »Inflation« zu entgehen. Das ist eines der wenigen Mittel, das die Politik noch in der Hand hat, um die Konjunktur wenigstens vorübergehend anzukurbeln – bis alle Ersparnisse aufgebraucht sind.

In Wirklichkeit droht jedoch überhaupt keine Inflation, sondern das Gegenteil, nämlich eine Deflation. Käme eine Inflation, dann wäre das Zinsniveau nicht auf einem Rekordtief, da die Banken eine kommende Inflation sofort im Zins einpreisen würden. Niedrige Zinsen kann es immer nur vor einer Deflation geben.

Bei all den heutigen Betrachtungen und Behauptungen bleibt völlig unberücksichtigt, dass unser System an sich bereits deflationär ist. Über die steigende Schuldenlast und damit verbundene explodierende Zinslasten wird die Massenkaufkraft der Bevölkerung zunehmend kleiner. Die Menschen haben immer weniger Geld in der Tasche und müssen ihre Käufe reduzieren. Das kann nur zu einer Deflation führen.

Eine Inflation ist nur dann möglich, wenn in Form einer Lohn-Preis-Spirale die Löhne steigen und diese Gelder für vermehrten Konsum eingesetzt werden. Bloße Preiserhöhungen würgen sich von selbst ab, weil sie letztlich die Massenkaufkraft schwächen und am Ende sogar deflationär wirken.

Kommt es zu einem Crash, dann läuft die Entwicklung unmittelbar auf eine Deflation zu, denn jeder Crash erzeugt Unsicherheit. Unsicherheit auf dem Markt führt immer zum Rückzug von Geld. Wenn die Menschen Angst um ihren Arbeitsplatz haben, kommt es zum

»Angstsparen«: Die Menschen reduzieren ihren Konsum, weil sie Angst vor der Zukunft haben. Reduzierter Konsum bedeutet jedoch niemals Inflation, sondern immer Deflation.

Und weder die Politik noch die Notenbanken können etwas an dieser Entwicklung ändern. Ein Beispiel dafür ist Japan: Nach dem Platzen der damaligen Aktien- und Immobilienblase im Jahr 1990 setzte unmittelbar eine deflationäre Tendenz in dem Land ein. Alle Aktionen der Politik und Notenbank seither verpufften. Weder Null-Prozent-Zins noch Gelddrucken oder unzählige Konjunkturprogramme konnten die Krise im Land bekämpfen und die deflationäre Entwicklung stoppen.

Das Unheilvolle ist, dass die Notenbanken in einer Deflation auch nicht mit steigenden Geldmengen gegensteuern können. Geld kommt heute nur dann in Umlauf, wenn Geschäftsbanken bei der Notenbank Geld leihen und dieses an die Wirtschaft und Privathaushalte als Kredit weitergeben. Wenn jedoch in einer Deflation keine Kredite mehr aufgenommen werden, hat keine Notenbank der Welt mehr eine Möglichkeit, auf die Entwicklung Einfluss zu nehmen. Politiker können also gar nicht, wie immer wieder behauptet wird, eine Inflation in die Wege leiten.

Ein Grund für die Verwirrung ist auch die heutige falsche Geldmengentheorie. Diese Theorie geht davon aus, dass bloße Buchungsbeträge bei den Banken als »Geld« anzusehen sind. Da die Buchungen permanent zunehmen, steigt in den Augen der Verfechter dieser Theorie auch die »Geldmenge«, und sie warnen vor Inflation. In Wirklichkeit ist die richtige Geldmenge jedoch sehr viel geringer und niemand hat eine Kontrolle darüber, ob neu geschaffenes Geld überhaupt in den Umlauf kommt und inflationär wirken kann. Eine steigende Buchgeldmenge M3 hat damit keineswegs automatisch inflationäre Folgen, wie die Realität auch beweist.

Weil die heute vorherrschende Geldmengentheorie falsch ist, stimmt auch die Behauptung nicht, die gesamten milliardenschweren Rettungsprogramme gegen die Finanzkrise 2008/2009 und die Eurokrise 2010 würden zu einer Inflation führen. Der Großteil dieser Rettungsprogramme bestand ohnehin nur aus Bürgschaften, und die hohen

Geldsummen sind ausschließlich im Bankensystem selbst hin und her gebucht worden, ohne beim Verbraucher anzukommen. Doch nur, wenn der Endverbraucher das Geld in der Hand hält und auch die Löhne steigen, kann man von einer Inflation sprechen.

Inflationisten behaupten, dass die Politik und deren Hintermänner an einer Inflation interessiert wären. Doch warum sollten sie ihre Reichtümer inflationär entwerten und gleichzeitig Staaten, Unternehmen und Privathaushalte durch die Inflation aus der Schuldenfalle befreien? Das ergibt keinen Sinn. Es ist auch nicht richtig zu behaupten, jeder überschuldete Staat müsste eine Inflation erzeugen, um seine Schulden loszuwerden. Weitaus häufiger und einfacher ist ein Schuldenmoratorium, in dem der Staat einfach erklärt, seine Anleihen nicht mehr zurückzuzahlen. Argentinien ist dafür das jüngste Beispiel.

Alle Krisen der Vergangenheit beweisen, dass ein Crash stets in einer Deflation endet. Am besten war dies während der Weltwirtschaftskrise zu sehen, die in den USA zehn Jahre dauerte. Im Gegensatz dazu war die Hyperinflation von 1923 nur ein lokales Ereignis, das auch nur wenige Monate dauerte und einzig wegen des verlorenen Ersten Weltkrieges überhaupt möglich war. Eine Inflation aus dem Stand – etwa nach einem Crash – ist heute nicht möglich, sehr wohl hingegen die Deflation.

Für viel Verwirrung sorgte die Goldlobby. Es wurden Thesen in die Welt gesetzt, die einer Überprüfung nicht standhalten. So wurde behauptet, der steigende Goldpreis bewiese unmittelbar eine Inflation. Die Goldlobby betrachtet jedoch immer nur die Preisentwicklung der vergangenen zehn Jahre und vergisst gerne zu betonen, dass Gold nach dem Platzen der Goldspekulationsblase von 1980 20 Jahre lang im Preis gefallen ist, und das sogar in Zeiten mit hoher Teuerungsrate. Gold ist also kein Inflationsindikator.

Gold ist auch kein geeignetes Krisenmetall. In der Bankenkrise im Jahr 2008 verlor gerade der Goldpreis am stärksten, als die Lage am prekärsten war. Vergleicht man die Aktien- mit der Goldpreisentwicklung seit dem Jahr 2003, wird deutlich, dass der Goldpreis nur den

Aktien gefolgt ist, es sich dabei also auch nur um eine Spekulationsblase handelt, die in der nächsten Deflation platzen wird.

Deshalb ist Gold zwar eine empfehlenswerte Geldanlage zur Risikostreuung, doch es ist bedenklich, wenn heute zur ausschließlichen Investition in Gold geraten wird.

Durch die geschürten Inflationsängste und die damit erzeugte Kaufpanik bei den Menschen wurde nun sogar in Deutschland eine regelrechte Immobilienblase aufgepumpt. Dabei sind Immobilien, wie die Erfahrung von 1923 zeigt, keineswegs ein guter Inflationsschutz. Vielmehr sind sie dem vollen Zugriff des Staates ausgesetzt, der sie nach Belieben mit Steuern, Gebühren, Zwangshypotheken usw. belegen kann.

Dabei hat die Erfahrung der jüngsten Zeit aus den USA schon gezeigt, dass steigende Immobilienpreise keineswegs gesund sind, sondern meist schon nach wenigen Jahren wieder in sich zusammenbrechen und schwere Krisen erzeugen.

Die größte Gefahr einer Deflation ist, dass über die damit erzeugte Not die Kriegsgefahr wächst. Nicht umsonst gab es Krieg meist dann, wenn die Bevölkerung durch die Deflation weitgehend verarmt war. Das war im deutsch-französischen Krieg 1873 sowie im Ersten und Zweiten Weltkrieg der Fall.

Besonders gefährlich sind momentan die Forderungen der Goldlobby nach einem neuen Goldstandard. Wenn die Geldmenge fest an eine bestimmte Goldmenge gebunden wird, kann die Geldmenge nicht mehr dem Bedarf der Wirtschaft angepasst werden. Damit wird die Wirtschaft früher oder später stranguliert und es entsteht eine Deflation. Deshalb waren Epochen mit Goldwährungen auch immer Zeiten von Not und Elend. Und noch 1819 revoltierte die Bevölkerung in England gegen die Einführung der von der Aristokratie gewollten Goldwährung, die dann unweigerlich eine sofortige Verarmung großer Teile des Volkes zur Folge hatte.

In der heutigen sehr dynamischen Zeit hätte eine statische Goldwährung fatale Folgen und würde bereits nach wenigen Jahren zu einer schweren Wirtschaftskrise führen. So war es auch in der Weltwirtschaftskrise. 1924 wurde der Goldstandard in Deutschland und 1926 weltweit eingeführt und hierdurch gerieten die Länder bereits wenige Jahre später, nämlich 1930, in diese große Krise. Dass solch eine völlig untaugliche Währung heute wieder gefordert wird, ist ein besonderes Phänomen für sich.

Eine ganze andere Möglichkeit, die Krise zu bekämpfen und stabiles Geld einzuführen, ist die Idee einer umlaufgesicherten Währung nach Silvio Gesell, die auch in der Weltwirtschaftskrise praktiziert wurde und phänomenale Erfolge zeigte, bis sie von den Notenbanken verboten wurde.

Leider lernt der Mensch meist nur durch Leiden. Deshalb muss es wohl erst wieder eine große Krise geben, bevor erkannt wird, dass nicht Inflation, sondern Deflation das eigentliche Thema ist.

Womöglich wird nach dem nächsten Crash sogar wieder ein Goldstandard eingeführt. Das hätte dann schon nach wenigen Jahren den größten denkbaren Crash zur Folge, der sich angesichts der Rekordrüstung heutzutage sehr schnell in einem Weltkrieg entladen könnte.

Stabiles Geld werden wir wohl erst dann bekommen, wenn die Menschen erkannt haben, dass es dazu weder einer Goldwährung noch eines Schuldensystems bedarf.

Quellenverzeichnis

1 *Financial Times Deutschland,* 12.07.2009
2 *Focus,* 05.07.2010
3 *t-online Wirtschaft,* 13.03.2009
4 *Welt am Sonntag,* 15.06.2010
5 *Stern,* 38/2000
6 *Die Zeit,* 26.08.2010
7 *Handelsblatt.com,* 16.03.2001
8 *Heilbronner Stimme,* 21.06.2000
9 Deutsche Bundesbank, Monatsbericht Dezember 1999
10 *Augsburger Allgemeine Zeitung,* 19.04.2001
11 *Financial Times Deutschland,* 70.04.2001
12 *Süddeutsche Zeitung,* 06.04.2001
13 *Süddeutsche Zeitung,* 13.10.2000
14 *Focus,* 29.09.2009
15 *AFP*-Meldung, 12.04.2009
16 *Bloomberg,* 07.07.2010
17 *Focus,* 20.02.2009
18 *Die Welt,* 23.10.2009
19 *RP-online,* 22.02.2009
20 *RP-online,* 22.02.2009
21 *Medianet Wien,* 29.06.2010
22 *t-online Wirtschaft,* 04.02.2010
23 *Reuters,* 26.01.2010
24 *Die Welt,* 31.07.2009
25 *Der Spiegel,* 15.04.2010
26 *Financial Times Deutschland,* 01.09.2010
27 *Börse Express,* 07.09.2010
28 *t-online Wirtschaft,* 17.07.2010
29 *Die Welt,* 06.01.2010
30 *Neue Zürcher Zeitung,* 19.12.2009
31 Peter Warburton, *Die Schuldenmaschine,*
Deutsche Verlagsanstalt, 1999

32 *Frankfurter Allgemeine Zeitung*, 11.07.2010

33 *Die Welt*, 30.05.2010

34 *Presse.com*, 10.10.2009

35 *Wall Street Journal*, 11.09.2010

36 Prof. Dr. Helmut Hesse, Landeszentralbank Bremen, Niedersachsen und Sachsen-Anhalt; Presseartikel Deutsche Bundesbank 23.01.1997

37 Prof. Dr. Helmut Hesse, Präsident der Landeszentralbank Bremen, Niedersachsen und Sachsen Anhalt, Deutsche Bundesbank/Auszüge aus Presseartikeln 11.01.1996

38 *Reuters*, 27.10.2009

39 *Frankfurter Allgemeine Zeitung*, 26.8.2010

40 *Focus Money*, 25.11.2008

41 *Focus Money*, 14.10.2008

42 *Frankfurter Allgemeine Zeitung*, 13.06.2010

43 *Financial Times Deutschland*, 12.12.2009

44 *n-tv*, 14.04.2009

45 *Tagesschau*, 05.10.2010

46 *Die Welt*, 23.08.2010

47 Prof. Dr. Artur Woll, *Beschäftigung, Geld und Preisniveaustabilität – Empirische Untersuchungen zum Inflationsproblem*, Land Nordrhein-Westfalen, 1977

48 *Telepolis*, 02.09.2008

49 *Frankfurter Allgemeine Zeitung*, 08.01.2010

50 *n-tv*, 14.06.2010

51 Helmut Creutz, *Das Geldsyndrom*, 1997

52 *Die Welt*, 10.06.2010

53 Günter Ogger, *Die Gründerjahre*, Knaur Verlag, 1982. Zusammengefasst und zitiert von G. Hannich aus dem Inhalt des Originals

54 Bundesanstalt für politische Bildung, *Weimarer Republik*, Informationen zur politischen Bildung, 4. Quartal 1998

55 Bundesanstalt für politische Bildung, *Weimarer Republik*, Informationen zur politischen Bildung, 4. Quartal 1998. Zusammengefasst von G. Hannich aus dem Original

56 Bundeszentrale für politische Bildung, *Weimarer Republik*, Informationen zur politischen Bildung, 4. Quartal 1998 Zusammengefasst von G. Hannich aus dem Original

57 Bundesanstalt für politische Bildung, *Deutschland 1945–1949*, Informationen zur politischen Bildung, 2. Quartal 1998. Zusammengefasst von G. Hannich aus dem Original

58 *Handelsblatt*, 08.04.1997

59 *Financial Times*, 08.02.1995

60 *Handelsblatt*, 08.04.1997

61 *Die Welt*, 22.01.2001

62 *Neue Solidarität*, 27.06.2001

63 *Financial Times Deutschland*, 06.07.2001

64 *Die Welt*, 10.07.2001

65 Peter Warburton, *Die Schuldenmaschine*, Deutsche Verlagsanstalt, 1999

66 *Die Welt*, 13.09.1999

67 *Handelsblatt interaktiv*, 24.12.1999

68 *Die Zeit*, 12.05.1999

69 *Die Welt*, 11.06.2005

70 *Die Welt*, 04.07.2005

71 *Telepolis*, 11.01.2006

72 *FTD*, 19.05.2005

73 *Wirtschaftswoche*, 17.03.2010

74 *Der Standard*, 17.02.2007

75 *Financial Times Deutschland*, 24.08.2010

76 *Reuters*, 27.06.2006

77 *Die Welt*, 01.06.2008

78 *Die Welt*, 18.04.2008

79 *Telebörse*, 24.08.2010

80 *RF News*, 02.08.2007

81 *n-tv*, 26.01.2008

82 Statistisches Bundesamt, 10.07.2009

83 *Neue Solidarität*, 27.06.2001

84 *Der Standard*, 08.06.2009

85 *Die Welt*, 11.07.2001

86 *Die Welt,* 20.11.2009
87 *die tageszeitung,* 11.05.2001
88 *Handelsblatt,* 15.06.2001
89 *Financial Times Deutschland,* 23.05.2010
90 *Bild,* 22.05.2010
91 *Tagesanzeiger,* 17.07.2010
92 Bundeszentrale für politische Bildung, 2007
93 *Die Presse,* 01.12.2010
94 dpa, 01.07.2010
95 *Manager Magazin,* 16.04.2010
96 *Die Welt,* 21.04.2010
97 *Die Welt,* 20.12.2009
98 *Die Welt,* 30.01.2010
99 *t-online News,* 10.08.2010
100 *Financial Times Deutschland,* 08.07.2010
101 *Die Welt,* 10.03.2010
102 *Berliner Zeitung,* 10.05.2010
103 *Die Welt,* 01.03.2009
104 *Der Standard,* 19.05.2010
105 *Bloomberg,* 12.12.2006
106 Peter Warburton, *Die Schuldenmaschine,*
    Deutsche Verlagsanstalt, 1999
107 *Die Welt,* 08.06.99
108 *Süddeutsche Zeitung,* 04.07.2000
109 Fall und Hintergrund sind dem Autor bekannt
110 Der Große Wolffen, Band 1, *Phillip Graf von Wolffen,*
    Verlag Rowland & Gabriel
111 *Süddeutsche Zeitung,* 10.09.99
112 Der Große Wolffen, Band 1, *Phillip Graf von Wolffen,*
113 Verlag Rowland & Gabriel
    Frankfurter Allgemeine Zeitung, 24.01.2009
114 *Die Woche,* 08.06.2001

Finanzmarktinformationen und Vortragsveranstaltungen des Autors

G. Hannich bei n-tv als Deflationsexperte

Finanzmarktinformationen für Sie: Der Autor steht auch Ihnen für Finanzmarktinformationen zur Verfügung.

Vorträge: Die wirtschaftliche Situation wird immer negativer. Der Autor bietet interessante Vorträge zum Thema Wirtschaft und Geldanlage an. Die professionellen, computergestalteten Veranstaltungen zeigen wirtschaftliche Entwicklungen leicht verständlich und anschaulich auf. Anschließend steht der Autor dem Publikum für individuelle Fragen in einer Diskussionsrunde zur Verfügung. Auch für die Medien ist Günter Hannich gern bereit, in Interviews klar Stellung zu beziehen.

Informationen zu Vorträgen und
persönlichen Finanzmarktfragen erhalten Sie unter:

E-Mail: info@kapitalseminare.de
Internet: www.geldcrash.de
Fax/Telefon (Anrufbeantworter): 0 25 61/95 95 00-850

Deflation – die verheimlichte Gefahr

So sichern Sie sich ab und nutzen Chancen

Die nächsten Jahre entscheiden über Ihr Geld. Konzerne und Superreiche bereiten sich seit Langem auf eine Deflation vor, weil sie wissen: Große Vermögen werden in Krisenzeiten gemacht. Dies bedeutet für Sie ein radikales Umdenken bei Ihrer Zukunftsplanung. Wer heute klug handelt, hat die Möglichkeit, das Schlimmste für sich zu verhindern. Aber nicht nur das. Er kann auch statt Krisenopfer ein Krisengewinner werden. Krise heißt immer auch Chance. Und solche Chancen wie heute und in näherer Zukunft bieten sich in der Regel nur einmal pro Jahrhundert. Nicht umsonst heißt es: »Wissen ist Macht«.

Günter Hannich: Deflation – die verheimlichte Gefahr • broschiert • 6. Auflage 2009 • 160 Seiten ISBN 3-9808522-3-7 • 15.90 €

Der Geldcrash – So retten Sie Ihr Vermögen

Der Krisenwegweiser

Was ist, wenn eine Finanzkrise Ihr ganzes Vermögen entwertet? Den wenigsten ist bewusst, dass ihr Vermögen zunehmend bedroht wird: Sowohl Schulden- als auch Währungskrisen gefährden das Ersparte. Die kommende Entwicklung kann durch die Kenntnis unseres Geldsystems vorhergesagt werden. Der ungünstig investierende Anleger wird vom Zusammenbruch überrascht und verliert seine Sicherheit und Freiheit. Als Leser dieses Buches sind Sie auf den Zusammenbruch vorbereitet und können die Risiken und Chancen Ihrer Vermögensanlagen einschätzen.

»Krisenwegweiser – Angst vor dem Crash? Die Aktienmärkte streben von Rekord zu Rekord. Aber das war auch 1929 so. ... (Günter Hannich) zeigt in seinem Bändchen mögliche Krisenszenarien auf. Keine Panikmache. Doch etwas Nachdenklichkeit hat bisher den wenigsten Geldanlegern geschadet.« Handelsblatt, 28.12.1999

»Der wichtigste Schritt zu einer sicheren Anlage besteht darin, selbst die Verantwortung für sein Eigentum zu übernehmen. ›Auf die meisten Experten ist ebenso wenig Verlass wie auf Aussagen von Notenbanken über anstehende Zinssenkungen‹, sagt Buchautor Günter Hannich (›Der Geldcrash – Krisenwegweiser. So retten Sie Ihr Vermögen‹).« Die Welt, 16.03.2001

Günter Hannich: Der Geldcrash – Der Krisenwegweiser. So retten Sie Ihr Vermögen • Taschenbuch 9. Auflage 2009 • 160 Seiten • mit 6 Karikaturen und 20 Grafiken • ISBN 3-9808522-1-0 • 15.90 €

Diese Bücher können Sie versandkostenfrei beziehen über:

Kopp Verlag · Pfeiferstraße 52 · 72108 Rottenburg
Tel.: (0 74 72) 98 06-0 · Fax: (0 74 72) 98 06-11 · E-Mail: info@kopp-verlag.de

Nur wer die Methoden der Drahtzieher kennt und sie durchschaut, erkennt auch, wohin die dramatische Entwicklung geht und kann seine persönlichen Schutzmaßnahmen ergreifen.

So durchschauen Sie die Pläne der Drahtzieher!

Die Probleme unserer Zeit werden immer größer, die Politiker zugleich zunehmend unfähiger, diese Missstände zu beseitigen – es liegt am System. Kaum jemand weiß, dass es Drahtzieher im Hintergrund gibt, die jeden von uns wie eine Marionette kontrollieren wollen.

Der Aufbau eines Überwachungsstaates und die besorgniserregende Einschränkung der Freiheit durch immer schärfere Gesetze sind nur ein Teil der Methoden, die Gesellschaft durch Angst zu beherrschen. Es werden so viele Vorschriften erlassen, dass niemand mehr sie kennen oder einhalten kann; damit kann jeder zu jeder Zeit kriminalisiert werden – ein perfektes Druckmittel. Und die mittels immer ausgefeilterer Technik mögliche lückenlose Überwachung sorgt für weiteres Unbehagen und Angst. Eine weitere Vorgehensweise der mächtigen Intriganten ist die Spaltung der Gemeinschaft. Die Gegensätze »Unternehmer kontra Arbeitnehmer«, »Jung gegen Alt«, »Arbeitende gegen Arbeitslose« wurden künstlich geschaffen, um die Gesellschaft zu zersetzen. Auch werden die Frauen durch den Feminismus bewusst gegen die Männer aufgebracht und damit letztlich der Rückhalt und die Stärkung in den Familien zerstört. Jede so geschaffene Gruppierung steht für sich alleine da. Abneigung, Neid und Hass regieren.

gebunden
160 Seiten
ISBN 978-3-938516-18-8
7.95 €

Kopp Verlag
Pfeiferstraße 52
D-72108 Rottenburg
Telefon (0 74 72) 98 06 0
Telefax (0 74 72) 98 06 11
info@kopp-verlag.de
www.kopp-verlag.de

Die Aktienmärkte jagten von Rekord zu Rekord. Es entstand der Eindruck, dass man ohne Arbeit spielend reich werden kann.

Dieses Buch wird Ihnen die Augen öffnen: Wir stehen vor der größten Weltwirtschaftskrise, die die Erde je gesehen hat. Unser Geldsystem wird an seinen inneren Widersprüchen zerbrechen.

Weil die Politiker und die Hochfinanz mit ihren internationalen Machtkartellen alles daran setzen, die Stunde der Wahrheit so lange wie möglich hinauszuzögern, bläht sich das System immer mehr auf. Die Umverteilung des Kapitals von Arm nach Reich geschieht immer schneller. Doch die Finanzblase wird platzen. Eine Weltwirtschaftskrise von ungeahntem Ausmaß wird die Folge sein. Sie wird für die meisten zu unbeschreiblicher Armut und Elend führen, am Ende sogar zu einem neuen Weltkrieg. Niemand von uns wird sich diesem Desaster der Währungssysteme und dem Zusammenbruch aller Börsen entziehen können.

Günter Hannich hat mit marktschreierischen Untergangsvisionen, trotz dieser mehr als beunruhigenden Feststellungen, nichts im Sinn. Seine Analysen sind präzise und fundiert. Sie münden in konkrete Strategien und sind von bestechender Logik. Günter Hannich hat so recht – es tut richtig weh!

gebunden
320 Seiten
zahlreiche Abbildungen
ISBN 978-3-930219-34-6
9.95 €

Kopp Verlag
Pfeiferstraße 52
D-72108 Rottenburg
Telefon (0 74 72) 98 06 0
Telefax (0 74 72) 98 06 11
info@kopp-verlag.de
www.kopp-verlag.de

Staatsbankrott? »Aber ein Staat kann doch nicht pleitegehen!« Ach nein?

Das ist ein weit verbreiteter Irrtum. Allein Deutschland war im vergangenen Jahrhundert bereits zweimal bankrott, was viele gerne verdrängen. Tatsache ist, dass es in den vergangenen 30 Jahren ernsthafte Währungskrisen in über 80 Ländern gegeben hat, die oft in den Totalbankrott führten. Gerade in den letzten Jahren hat sich die Zahl besonders gehäuft.

Günter Hannich zeigt in diesem Buch, dass der nächste Staatsbankrott in Deutschland bereits programmiert ist. Es ist nur noch eine Frage der Zeit.

Jahrzehntelang hat sich die Regierung Geld von den kommenden Generationen gepumpt. Jetzt stehen wir vor dem Tag der Abrechnung. Und auch dieses Mal wird das Volk für die finanzpolitischen Fehler bezahlen müssen. • Die zehn Fehler unserer Währungsgeschichte und was wir daraus lernen können • Die Geldpolitik der vergangenen 200 Jahre – eine Abfolge von Krisen und Kriegen • Die Hyperinflation des Jahres 1923 und die Währungsreform 1948 • Handelsbilanz-Ungleichgewichte – Bedrohung für den Frieden • Warum feste Wechselkurse nicht funktionieren • Der Euro – der sichere Weg in die Währungskatastrophe • Die Schuldenkrisen in Mexiko, Russland, Argentinien und Brasilien • Die kommende Energiekrise – oder wie man den Dollar stützt • Risikofaktoren für das Finanzsystem: Immobilienblase und Derivatespekulation • Die kommende weltweite Währungszerrüttung • Deflation, Inflation, Währungsreform und wie man sich vor den Folgen schützen kann.

gebunden
186 Seiten
zahlreiche Abbildungen
ISBN 978-3-938516-27-0
14.90 €

Kopp Verlag
Pfeiferstraße 52
D-72108 Rottenburg
Telefon (0 74 72) 98 06 0
Telefax (0 74 72) 98 06 11
info@kopp-verlag.de
www.kopp-verlag.de